JN113307

政治談義

−政治社会を見る目　早稲田はスゴい−

林　明博 著
元音戸町長
元早稲田大学講師（法学博士）

敬文堂

旧音戸町民（広島県）

妻　範子・姉と兄に　捧げる

合掌

刊行に寄せて

本書の著者・林明博氏が後藤一郎教授の下で研究の端緒に就いたのは一九六〇年代半ばであった。当時の早稲田大学政治学研究科には早稲田政治学の伝統に憧れて全国各地から寄本勝美、鴨武彦、中野実、岡澤憲芙、福岡政行などの俊秀が集まり、熱気に溢れていた。

一九六〇年代後半は大学紛争が世界を席巻し、大学の社会的使命と責任が問われ、アメリカでは外政面ではヴェトナム戦争が泥沼化し、内政では公民権運動、反戦運動が高まりを見せ揺れに揺れていた。日本でも高度経済成長が軌道に乗り、五五年体制も順調に進み、こうした政治の安定とは逆に、政治意識の分裂が鋭いコントラストを見せていた混沌とした時代であった。そうした時代精神を反映して、私たちは政治の分野のみならず、さまざまな分野で毎日議論を重ね、切瑳琢磨していた。今、思い返えしても「青春挽歌」とも言える懐かしい時代であった。

林明博氏は大学院終了後、郷里の広島に戻り、音戸町長を五期、二〇年つとめ、広島県町村会長を兼任し、基地、原発、産廃問題はもとより水害などの防災対策、いじめ問題など地方自治体が抱える諸問題に知悉し、「地方から中央政治を見る視点」と「中央から地方政治を見る視点」を兼ね備えた数少ない政治学者の一人であった。

その後、教育・研究分野に転じて広島文教女子大学教授、広島大学講師、母校早稲田大学講師を歴任し、時代を呼吸し、時代に鍛えられ、また時代を変えていく政治のダイナミックスを教授して、学生たちの「政治を見る眼」を養うことに心血を注いだ。そこに貫流するのは早稲田政治学の「志」、「反骨の精神」であった。この系譜は政治の分野それも五五年体制の成立直後に限っても高峰が連なる巨大な山脈を形成している。思いつくままに名を挙げてみたい。

軍を批判する者は「非国民」と呼ばれ、国民が沈黙を余儀なくされた時代に「ただいたずらに聖戦の美名に隠れて……」と「粛軍演説」、「反軍演説」を行った斎藤隆夫、「天下一人《いちにん》を以て興《おこ》る」として反東条を貫いた中野正剛、「保守合同は爛頭《らんとう》の急務」と説いて、吉田茂の後を受けて自由党総裁となり、首相の座を目前にして急逝した緒方竹虎、「寝業師」「大猩」「愛国的山師」「野次将軍」などと言った異名をもち、現代にも語り継がれるエピソードも多く「おれは床の間に座わるような人間ではない」と言って鳩山一郎を支え続け、首相の座につけた三木武吉、稲門出身の初めての首相になるが、病に倒れ「石橋書簡」を公表して僅か二ケ月間で退陣した石橋湛山。「首相として進退を決すべきだと考えました。私の政治的良心に従います」。一九三〇年十一月十四日、東京駅頭で浜口雄幸首相は凶弾に倒れ重傷を負い、その後の回復もままならず一九三一年四月十三日に総辞職した。湛山は浜口首相の出処進退について「意識回復後直ちに辞職すべきであった……浜口氏の遭難は同情に堪えぬが、氏が我が国を無道、無議会に陥れた罪悪に至っては、死後なお鞭打たるべき罪悪といわねばならない」(「東洋経済新報」一九三一年四月十八日号社説)と厳しく断罪したことが頭をよぎったにちがいない。まさに湛山は言行一致、反骨を貫いた生涯であった。

また日中国交回復の最大の功労者であり、その高邁な人格と清廉な私生活で与・野党の別なく敬慕者が多かった松村謙三、さらにアクが強く、毀誉褒貶の激しい人であったが、果敢な実行力で「日ソ共同宣言」の成立・調印にこぎつけた河野一郎。河野一郎は体質上、酒が飲めないのにフルシチョフ第一書記の求めに応じて彼と酒を汲み交わして互角に渡り合ったエピソードは本書の叙述に委ねたい。

早稲田反骨の精神は左・右を問わず継承されている。「モサさん」の愛称で親しまれた日本社会党第二代委員長鈴木茂三郎、その後を承け、「ヌマさん」の愛称で親しまれた浅沼稲次郎も省くわけにはいかない。浅沼は一九六〇年、日比谷公会堂で開催された三党首立会演説会場で演説中、反共主義者の少年の凶刃にたおれ、非業の最期を遂げた。

本書は「政治の復権を求めて」、脈々と継承されてきた早稲田政治学の「志」、「反骨の精神」に思いを馳せ、もう一度政治を「夢を語れる場にしたい」と念じて書かれたものである。本書の随所に林明博氏の政治を見る姿勢、ヒントが織り込まれている。既成事実の積み重ねにより「何んとなく何物かに押されて、ずるずると（丸山真男）」破局に向かって突き進んで行ったわが国の過去を顧みて、しっかりとした「政治を見る眼」を養しなうことが何よりも大切である。本書がとりわけ政治を志ざす若き人びとに読み継れることを希求して、広く江湖に推薦するものである。

渡邉　重範

補註　渡辺重範先生略歴

政治学博士・早稲田大学名誉教授、一九七五年早稲田大学教育学部助手を経て、教授、ボン大学（ドイツ）客員教授、早稲田大学教育学部長、副総長、早稲田高校理事長、早稲田大学係属早稲田実業学校（早実）校長兼任（一三年間。専門はドイツ近代憲法史、比較憲法、専門領域の代表的玉書『ドイツ近代選挙史』（成文堂）、教育では『感性をみがく教育論』（早稲田大学出版部）、『早稲田実業　躍進の秘密』（朝日新書）他一九冊上梓。

著者

まえがき

コロナ禍で、時間にゆとりができ、新聞の切り抜きと整理をしていた朝刊の一面トップは、「河井前法相夫妻起訴」であった。一〇〇人に二九〇〇万円余りの「買収の罪」という。前日の新聞では、昨年七月の参院選をめぐる一連の疑惑発覚で前法相・衆議院議員の河井克行と妻で参議院議員の案里が公職選挙法違反（買収と事前運動）の罪で起訴されたというのである。その一方で現金の配布先とされた地元議員を含む一〇〇人の立件は見送られ、あとは「政治とカネ」への大きな不信感が残ることになった。なぜ不起訴にするのかという驚きである。新聞の川柳にも、〈多すぎるからと不問に付す笑止〉（岩手・奥村与惣美）、〈ホッとしちゃ困るんだけどもらいびと〉（千葉・村上健）と嘲笑されている。もう一句、〈拘置所に居ても給料でる議員〉（久喜・高橋春雄）。

検察の事情から不起訴にするのは禍根を残すことにはならないだろうか。「赤信号みんなで渡れば恐くない」の標語通りである。検察と法の信頼を考えると、再考を要する。

いま私が住んでいる広島は、県下大騒動である。カネを欲しがらないものはいないが、少なくとも政治に携わる人達が貰ってよい金か、やってよい金の分別がついていない。その分別がある者が、「社会的大人」であり、政治に係わる者に求められる最少限の倫理観である。力があるから金をくれた、貰った金は個人の通帳に入れた。名誉の分配金ぐらいに思っている者さえいるのには驚かされる。広島県民の一人として恥ずかしく、慚愧に堪えない。〈選挙区も共に恥かくダメ議員〉（高知・小島雅博）である。

広島の政治風土から噴出した社会現象だと思うと情なく、悲憤を感じる。政治を考えるとき、いつの時代でも「権力とカネ」は注意を払っても払い過ぎるということがない永遠のテーマである。今回も、〈知らぬ知らぬから俺も私も貰ったに〉（毎熊伊佐男）とか、〈ごめんなさい言えば済むなら子どもでもする〉（藤井信哉）。

「民の目は眠くて／罠の中」（吉野弘「目の見方」）、常に注視していないと罠に陥いるよという要注意事項がカネである。かつて大正の時代、平民から初めて総理大臣になった原敬に、良識のある方から「平民宰相だから金のかからない政治」を求められた。その時原首相は日記に「金の欲しがらない者がいるのか、そんな難しいことを注文しないで欲しい」と答えたとある。

カネを受け取った側の刑事処分は見送られるという。河井議員夫妻が、一方的に現金を渡したとみられるが、違法性は認識していたはずで、受領が報じられるまで否定していた者も多くいた。十把ひとからげに不問に付すのは、当然理解されない。また司法取引まがいの手法を公選法に適用するのは、釈然としないばかりか憤りさえ覚える。

本丸の首だけ取ればよいでは、日本の選挙史に余りにも大きな禍根を残すことにはならないかと危惧する。このままでは検察は功だけを狙っていたと思われるだろう。法の番人となる司法試験合格者で、一般的に名誉が欲しい者は裁判官、金の欲しい者が弁護士に、そして正義感の強い者が検事を志望するとよくいわれている。これは、故永野厳雄広島県知事から聞いた言葉である。永野知事は検事あがりで、司法を志したとき、悪い奴を縛ってやると子供心で決意したと直接聞いた。正義を志す検事が自分達の都合で諸悪の根源である金の贈収賄事件、しかも金にまつわる買収事件を不問にするのは、法の不信につながる。ここはもう一度奮起して検察本来の崇高な使命を真っ当して欲しい。その時々の便宜主義は許されない。日本政治の悪しき慣行は決別するチャンス、好機だ。検察に奮起を促し、「何をしたかよりは何のためにしたかが大切だ」（山本周五郎「雨あがる」）。それを明らかにして欲しいものだ。

正義の検察が政界に見るような隠しごとをしないことを願うばかりだ。〈「アベノカクス」にしたらどうですか〉（神戸新聞）と揶揄される政界と同類視されるのは心外ではないのか。ウラの金に法の風を通して貫いたいものだ。

民主政治は、時間と金がかかるものであるが、皆んなが欲しがる金の透明化がなによりも必須である。その流れの透明化が「民度」の高さと信頼に連結することを忘れてはいけない。

前法相夫妻を巡る参院選挙買収事件で責任を取って辞職して、三原市と安芸高田市、北広島町長選があった。「人は石垣、人は城」信頼の礎は何よりも、うそをつかないこと。三市町長への旅路が将来、毛利元就の「三矢の訓（おしえ）ゆかりの地」の〝教訓〟が伝わる観光になるなら、災い転じて福となすのだが（「天風録」・中国新聞）。

かつて出世の三要素は、「努力・勤勉・基礎知識」だったが、出世するのは、また当選する三要素は、「義理と人情とカネくばり」（カネくばりをお歳暮、お中元と置き変えてもよい）にシフトされたのか。〈ウソつきは出世のはじまり〉（西宮・ボン）では、日本の将来はない。〈「バレなきゃいい」噴飯ものだよ議員さん〉（広島・夢の貘）もつけ加えておきたい。〈他人の句でいつも幸せもらってる〉（大阪・谷京子）。私も全く同感である。〈川柳で物申す幸せかみしめる〉（滋賀・松浦武夫）。〈ありがたい昨日と同じ事出来る〉（大阪市・増石民子）。

コロナとの戦争でも、冷静な洞察力と良識を培ってまいりたいものだ。〈ありったけ欲しかった暇持て余す〉（奈良、宇陀市・よもやま話）。同感だ。〈手を洗う姿祈りのように見え〉（安曇野・荻笑）。コロナ禍の収束は、世界の人達の願いである。

目　次

Ⅲ　日本の政治と選挙　これからの視点

Ⅰ　政治と私達

一　政治はキレイなもの

政治ほど誤解されているものは少ないのではなかろうか。「政治、それが一般的に理解されているのは、ただ腐敗のみである」とスウィフト（「ガリバー旅行記」の著者）は、政治を腐敗そのものだと論断している。アイルランド出身のスウィフトは、イギリスに抑圧された政治下に育ったからでもあろう。ロシアの諺にも、「政治は腐った玉子と同じで、壊れたらただ臭いだけだ」と政治を嘔吐するほど臭う、腐った玉子に譬えている。

まさに政治に対する扱いは甚だ良くないものばかりだ。「あいつは政治家」という場合、彼は権謀術数を逞しくする野心家で、「ウソを混ぜ、混ぜでなく、ホントのことを混ぜ、混ぜ」話すような嘘つき野郎だと軽蔑した意味を含んでいっている。また正直で勤勉な真面目人間には縁の遠い交渉、あるいは手腕をもって行動する人達のことをいうこともある。政治家というと、思索や読書に縁のない人物、まれに本を読んでも低俗なもの、考えることといえば、カネや権力に纏わる策略や陰謀を逞しくし、政権を求めて離合集散を繰り返し、昨日の敵が今日は友で、次の選挙のことばかりを考えている人達のことである。いつも一寸先は闇の世界である。選挙では金を使い、当選すれば、自分の利益のためには脅しや買収もいとわないゴロツキ同然の俗悪野卑の輩で、政権の争奪だけが唯一の目的である人達と思われがちである。

こうした政治観は、一面真実を物語っている。いろいろなマスメディアを通して私達の茶間に入っていることも事実である。このような政治観をもたらした政治家の責任はまことに大きい。しかし政治が汚ならしく、穢らわしい代物と考えるのは間違いだ。政治の本質は、逆に奇麗で美しいものである。

そして政治が目指すものは、「一人でも多くの幸せを実現させる」ことである。フランスでは、「政治の心」イクオール「母の心」だと学生時代の演習で恩師から聞き、感動した覚えがある。一番尊い愛が母の愛だというのだ。二番目の愛は、犬の愛。三番目の愛が男女の愛という。一番尊い愛が母の愛であるというのは誰しも納得がいく。母が我が子を思う心は、損得勘定ではなく、横しまな考えでなく純心である。二番目が犬の愛とは何か、犬は従順である。腹を空かしている犬に餌をやると、犬はすぐ喰おうとする。その犬に、「お預け」といって、パチンと叩くと、尻尾を巻いてお預けをする。叩かれたすぐ後に「喰え喰え」というと尻尾を振ってすぐ食べるから、「従順」である。そして犬は代償を求めないので、二番だというのである。「犬は無条件に愛してくれる。人間同士には無理だが」（直木賞作家・馳星周）である。三番目の男女の愛は、パチンと叩こうものなら、それこそ大変！。「私は実家に帰らせて貰います」といって、永久に元の鞘に戻らないからという。よい子、悪い子、普通の子と三つの分類だけでは、人の世の慣わしや悩みをいい当てることはできないが、母の愛が最も尊い愛だという教訓には、誰しも疑いを持つ者はいないだろう。

フランスでは、「政治の心」を尊い母の心とイクオール、同じだというのである。政治の心が、あの母の心と同じだといわれてもにわかに納得しかねる人も多かろう。現実の政治社会は、カネにまみれて、ドロドロした人間関係の坩堝（るつぼ）である。あの白い雪だるまと眼と鼻の炭の黒と白の違いがあると思われる。政治の目的を考えると、政治は、本来奇麗で、汚れのないものだということである。しかしどんなに説明されようとも、すっきり納得しにくいだろう。古くから政治は、哲学とオーバーラップするものといわれている。こう述べると、ますます分かりにくくなるかも知れない。政治家と哲学者と比較すると、あの雪だるまの目や鼻の黒ほど違うと思われる。ところが哲学の目的と政治の目的は、多くが重なり合うのである。哲学の目的は、人間の最も善い生き方を探求することにある。政治の目的は、その最高善の生き方ができる社会の実現を目的としているのである。

従って政治と哲学の目的は、多くの部分で重なり合う。立派な哲学者は、大政治学者である。例えばギリシャのプラトンやアリストテレス、また中国の孔子などは、全て大哲学者であると同時に、大政治学者でもある。

民主社会では、「政治は支配することでなく、奉仕する」ことにある。政治家は、奉仕者、主権者国民の小使いということになる。小使いならば、細やかな感情と地域社会に浸透度の高い女性の方が適任ではないかと思っている。そこで地方政治は、思い切ってクォーター制を採用し、半数以上を女性にした方がよいと提言している。私の出講している安田女子大では、面白いと大歓迎で評価を受けている。

また政治学は、理想主義的目的論に支えられた学問であることも忘れてはならない。しかし現実の政治がカネまみれになり、ドロドロしているのは、人間の性である。人間が欲張りだから、汚らしくなるのである。まさに政治は、母の心と同じで、奇麗な美しいものである。

「母は／舟の一族でだろうか／こころもち傾いているのは／どんな荷物を／積みすぎているせいか」(吉野弘)。私の年齢に達しても、母の話が出ると、ぐっと言葉を飲み込んだり、胸が熱くなるのは日常茶飯事である。

保育園での会話、保育者「ママがお迎えに来てくれていいな〜。先生は一人で帰るんだよ」。女児「先生、良い子にしてないからじゃない？　良い子にしてれば先生のママもお迎えに来てくれるよ！」(茨城県ひたちなか市、平磯保育園、3歳)読売新聞。

二　政治と私達の係わり

政治との係わりは重要だということは、疑いの余地がないと誰しも思っているだろう。しかし自分は潔癖であるから、汚らしい政治と係わりたくないという人も多い。

現代人にとって、政治に関心をもつこと、学ぶことは必要不可欠なことで責務ともいえる。現代人と政治との係わりは、不即不離の関係にあり、政治は教養の文学とか、教養の音楽というような存在ではない。まさに政治に関心を示さないということは、不作為の犯罪だともいえる。私達が政治に関心を持たず、政治に関係しなければ、政治もまた私達に関与せず、私達をそっとして置いてくれる代物ではないのである。

木枯紋次郎が長い楊子を啣えて、「あっしにゃ、かかわりのないことでござんす」といって吐きつけられるようなものではない。また小島のりおが「オー・パー・ピー、そんなの関係ねぇ！」といえるものでもない。私達は、政治の茶番劇にあきれて、何も関心を持たなくとも、私達を放任させてはくれないのである。それどころか私達を引き捕えて、武器を持たせ、死地へ駆りたてた歴史も経験してきた。政治の神は、障らなくとも祟る。私達は障らぬどころか、政治の中に全身浸っている国家の一員であり、政治社会の一員であることを忘れてはならない。

イギリスの小学校の教科書の中に、「あなたは政治について考えていないかも知れないが、政治はいつもあなたのことを考えている」とある。さすが議会政治発祥の地だと感動を覚えたものである。政治は、地の果てに行っても、海の果てに逃れようとしても影のようについて廻る。かつて中国に「苛政は虎より猛し」（礼記）という箴言がある。現代社会において政治から逃避は不可能なことである。だからこそ、私達の身近な政治に関心を持ち、一人ひとりがわがことと思い、願う気持で、ベターの世界を探求し、政治について考えなければならない。まず「隗よりはじめよ」という言葉通り、自らが進んで関心と努力を払うべきである。

日本国憲法にも「この憲法が国民に保障する自由及び権利は、国民の不断の努力によって、これを保持しなければならない」（一二条）とあり、また同じく「過去幾多の試煉に堪えて」（九七条）きた歴史を経験してきた。政治を善くするも、悪くするのも私達の自覚と意欲にかかっている。まさに「政治を軽蔑するものは、結局軽蔑に値する政治しか持ちえない」（トーマス・マン）ということになる。

政治教育は、国民が政治家になるためのものでなく、国民をいたずらに政治づかせるためでもなく、国民に政治づかなくともすむために必要である。そして国民の政治行動に良識と社会性を与えることである。従って本小書が政治教育の一助になれば、この上にない喜びとするところである。

「政治は支配することでなく奉仕することである」（E・バーカー）の言葉に共感を持っている。名前は、バーカーであるが、オックスフォード大学で五〇年か、一〇〇年に一度出るか、出ないかといわれる大政治学者の言葉である。学生時代、バーカー先生の講演と著書にサインをしていただいたという自慢話しをつけ加えたい。また孫文の亡命先の地・ホノルルの碑に「天下公為」というのがある。天下というのは、政治のことで、国民の為にあるということである。主権者は国民であり、「主権在民」で民主社会であることをしっかりと認識しなければならない。

三　政治の心は母の心

学生のとき、早稲田の大隈講堂での出来ごとである。時の人、早稲田が誇る代議士・故河野一郎［洋平（元衆院議長）の父、太郎（行政・規制改革担当相）の祖父、故河野謙三（参院議長）の兄］の追悼会が開催された。新聞等で知る政界の名士が次々と壇上に登り、河野の偉業を誉め称える弁舌は素晴しく、いまでも鮮明に覚えている。

その時の一人、河野派の後継者といわれた、また「青年将校」とも称えられた大人気の中曽根康弘（後の首相）が登壇し、立板に水で憧れの河野一郎を誉めの口上は、素晴しいものであった。会場から「康ちゃん、上手!」とヤジというか、声援が飛んだ。その瞬間、立板に水で流暢に弁じていた中曽根が言葉を飲み込んで、時間は定かでないが、数十秒、言葉が出なかったことを記憶している。後で分ったことであるが、「康ちゃん、上手!」と声を出した学生は、中曽根のお母さんが子供のときから「康ちゃん上手！　上手」と誉めてやる気、モチベーションを持たせて育てたと仄聞した。その学生は、そのことを知識として間髪を入れずに声援、ヤジを飛ばしたという訳である。中曽根が言葉に詰ったのは、一瞬お母さんのことを思い出したのではなかろうかと推測している。いまでも、早稲田はスゴイ学生の集まりだと感動を覚えている。

母についての話は、この私ですら多少の話題を持ち合わせている。森繁久弥さんにお会いした話を聞いていただきたい。

私にも顔の広い友人がいた。彼自身すでに著名な俳優であったが、六、七人集まっていた中で、「これから〝爺さん〟の所へ行くんだが、皆んなも行く？」と、「その爺さんとは誰のこと」、「森繁の親父さんだ」といわれ、驚嘆した。皆んな連れて行って貰った。そしてまさに映画やテレビに出てくる、かの有名な森繁久弥（早稲田大学商学部中退）に会うことができた。もちろん初めての時の人、有名人といってもよい大人物である。当時、ＮＨＫのラジオで加藤道子との毎週のやり取りが爽かで人気番組の森繁の声だった。これは〝本物〟だと感激をした。その時のこと、私に「あなたは」と尋ねられ、「呉市の隣りの音戸町長をしております」と緊張して答えた覚えがいまもある。即、呉へ行ったことがあるといわれ、「どこで聞きつけたか、今日は森繁が来る」と沿道まで大歓迎だったといわれた。そういう会話の中で、バカな質問をした。「森繁先生の行かれるところは大人気でしょうね」といってしまった。あれだけの大俳優だから、文化功労者に選ばれて間もない頃だったので、「いや！　そんなことはありません」と謙遜されると思っていたら、さにあらず「あゝ、どこへ行っても森繁だ」といって、大評判である。また会場では、「立錐の余地もないほど、満堂溢るるが如き盛況になる」といわれ、少々想定外の感じでした。その際、一寸目を落され、「お袋の話しが出るところでは形無しで、三枚目だ」といわれた。

その時、間髪を入れず誰だったか、「先生、それはどういうことですか」と尋ねたとき、断り切れない講演を頼まれたというのである。ロータリクラブ会長就任祝賀会に出講したとき、招待者の前に赤飯《あかめし》が出ていて、最初に会長が挨拶に立たれ、「皆さんの前にある赤飯に怪訝に思われているかも知れません。私が今日あるのはその赤飯のお陰なんです。私は甲府の郊外の小さな農家の五人弟妹の長男に生まれました。小学校しか出ておりません。家を継ぎ一生懸命働きました。三年間働いたが、一向生活は良くならない。これじゃ埒《らち》が明かんと考えたあげく、家出をして一旗あげようと決意しました。

いよいよ明日朝早く家出をしようと決め、三年も考えた家出の計画だから寝過したら、大変と朝になるまで起きていた。朝が白々と明けかけたので、家を出ようとした。その時台所の方でお母さんが、コトコトと何か包丁で刻む音がした。しまった遅かったと思ったが、三年考えた計画だから止める訳にはいかない。勝手口の裏を抜き足、差し足で小さな風呂敷包みを小脇に抱えて出て行こうとしたとき、「一寸待て、飯を喰って行け」と呼び止められた。「しまった」と思ってももう遅い。さぞ叱られるものと覚悟をして正座して待っていると〝赤飯〟が出たというのである。その赤飯を一口食べようとしたのですが、涙で喉に通らなかった。その赤飯を紙に包んで懐に入れて、まだ朝暗い道を甲府の方に向って泣きながら家を出たのである。

「母は私の家出を知っていたんです」。母は台所で朝が明けるまで泣き明かしたことと思う。「私は挫けそうなとき」、「負けそうなとき」、「泣けそうなとき」は、その赤飯のことを思い出して頑張り抜いて、いま紳士の代表といわれるロータリクラブの会長になれたのです。皆さんの前にある赤飯を、どうぞお召し上り下さい」と勧められた。招待者は、会場の回りに寿司コーナー、サイコロステーキ、天麩羅コーナー等々ご馳走が並んでいたが、誰とて手を出す者もなく、胡麻塩をかけた〝赤飯〟をモクモクと食べたというのである。

その後に記念講演として、森繁先生が演壇に立って、あの森繁の話術で、あの声で、時にプロ顔負けの歌唱力で歌い、会場を盛り上げようとしても最後まで上手くいかなかったというのである。かの有名な森繁さんでも、その後十年後には、大衆芸能出身で初の文化勲章さえ授与された芸の天才でも、お袋さんの話には、適わなかったという。まさに本文を纏めるときも、涙を嚙み締めてペンを進めているほどである。

もう一つお母さんの話を添えておきたい。

「おかあさんは　いない。／ひろしまにいる。／「おかあさん」とよんでも／へんじがない。／でも目をつぶると／おかあさんのないているかおが見える。／バスでおわかれするときのかおです。／わた

しは　なかない。／ないたら　おかあさんもなく。／おじいちゃんもおばあちゃんもなく。／だから見えるところでなかない。／つよくなったと思う。／おかあさんから　おかしと手がみがとどく。／あけると　おかあさんのにおいがする。／なつかしいにおいがする。／においがすると／おかあさんが／かえってきたみたいに／しあわせになる。」（「おかあさん」）、「もう泣かない」成長の証、「二〇〇九年はらみちを大賞」（西山牙弥乃、広島県庄原小二年）。母のあゆみさん（三四歳）離婚後、広島で働く。毎月四、五日程度、休みをとり帰郷する時が牙弥乃ちゃんの楽しみだ。字を書くのが大好きで、五歳の頃からあゆみさん宛てに手紙を書くようになったと聞く。

どんな時代が変わっても、変わらないものが、母の愛と美しいものを愛でる心、そして健康を貴ぶ心（M・キケロ、古代ローマの政治家・哲学者）の三つであると、キケロは指摘している。

それなのに何故に、多くの人達がこれまで政治に深い関心を持たず、遠ざけていったのか、その原因は、まず第1に政治が、「人民の、人民による、人民のための」（リンカーンの南北戦争の激戦地・ゲィデスバーグで僅か二分余りの演説の最後の一言、デモクラシーの源語ともいわれる）の政治ではなかったからである。第2に政治の本質について誤解があり、政治は、「お上」がするものであった。第3に近代国家以来、政治の世界が余りにも大規模な存在となってきたからである。何千万人、いや何億人分の一とその歯車の一つと考えると、自分の一票が余りにも軽く、虚しいものと思われるからではなかろうか。政治にもっと関心を持って欲しいと願うばかりだ。

「わが国の有権者の多数はまだ自分の一票に憲政を活殺する程の力があることを知らない」。この尾崎行雄の言葉を贈りたい。「憲政の神様」といわれ、三一歳で一八九〇年の国会開設のとき初当選以来、二四回連続当選し、九五歳で絶命する前年までの六四年間、衆院議員を務めた。日本憲政史上不滅の最長記録とされている。咢堂と号した。藩閥政府打倒を唱え、大隈重信に認められて改進党の設立にも参加した。護憲運動には犬養毅とともに活躍した。第二次大戦前には反戦論を唱え起訴された。近代日本政治史上に不滅の足跡を残し、現在、国会議事堂前に尾崎記念館が建っている。

鬼気せまる執念が尾崎を生かしていた。明治初年の文明開化の空気の中で育った尾崎は、理想家で、日本は「名実かねそなわる政党政治を実現する」夢を追い続けた。しかし政党モドキの利害集団しか出来ない。「なんとしても本来の政党をつくらねばだめだと思ってずいぶん骨を折ってみたが、どうしても駄目だった。敗戦直後「なぜだろうと考えてみた」という。やはり日本人は、利害や感情で結ばれる親分子分の私党レベルで政治を考えてしまう。政策で結ばれて行動する公党の精神をのみこめていない。そもそも「頼まれたから」、「義理があるから」といって投票するのは可笑しい。それをやっているうちは、本物の政治はやってこない。老いた尾崎は、そう思い、最後の力をふりしぼり、投票の心得を有権者に説いた。

「自分はいかなる政治を希望するかという自分の意思を、はっきりと決めてかかることが大切である」、「各政党の綱領政策をまじめに研究し、自分の希望するような政治をやる政党はどれか、よくよく見極めてから投票すること」（「民主政治読本」１９４７年）。

恵まれない境遇の人が切り捨てられていく社会が目の前にある。そんな今だからこそ、本気で語りかけてくれる政治を、名もなき民衆と共に闘ってくれる政治を多くの人々が求めている。この一票が、令和という時代をつくり、そして未来に必ずつながっていくと信じる、自分の生きるこの社会を、そして次の世代の未来を諦めないために一票が大切だと理解して欲しいものだ（磯田道央・茨城大教授）。わがごとと思い、願う気持で見識を持つ投票行動が求められることを教示してくれるものだ。

室町時代の御伽草子の中にある物語を紹介しよう。村人が寄って、祭をしようという話し合いの村寄りがあった。今でいう村の活性化の為ということか。それは素晴らしい提案だと満場一致で決定された。その時、お年寄りが手を挙げて、祭にゃ酒がつきものだ。杓《しゃく》に一杯、各家に献酒、寄付を願ったらどうかとの提案があった。さすがお年寄りだ。よい提案だとこれも満場一致で決定された。そこで若衆が寄って俺達が樽を一軒一軒廻して、杓に一杯、献酒を受け、大きな樽に酒が一杯集まった。

中身を見たら、全部水だったという。皆んなが集まり賛同しても「私の一杯は、俺の一杯は水を入れても分らんだろう」と水を入れたという箴言である。四百年前の話と聞くが、今も変わりないのではなかろうか。人間社会の魂胆、性は、今も余り変わっていないのではと案じられる。自然科学の世界は、日進月歩で、遺伝子の組み替え、超電導の世界など昨日のデータが今日はもう古いといえる世界とは全く異次元の世界である。情けないかな人間は千年たっても変わっていない。進歩していないのである。

二千年前の古代ローマの政治家のM・キケロは、人生に難しいことが三つあるといっている。まず第1に、人は害を受けたことを忘れること。第2に秘密を守ること。君だけに話すというと夕方までには皆んなに知れ渡っている。第3に、余った時間、余暇をいかに利用するかが難しいと述べている。いまも、韓国とギクシャクしている関係、未来志向で行こうといいながら、国内の都合が悪くなると外交政策が急転回している現状である。国際社会は、国益（国民利益のときもあるが、国家利益のときもある）で動いているが、施政者の個人的な支持率などが低くなると、全く不透明になることが結構多い。

「湖に浮べたボートをこぐように／人は／後向きで／未来に入って行く／目に映るものは過去の風景ばかり／明日の景色は誰も知らない」（フランスのノーベル文学賞詩人、ベレリー）。だからこそ、未来志向で行かなければいけない。将来の子供達に負の遺産を残さないことが必須である。

「小包の紐の結び目をほぐしながら／思ってみる／結ぶときより、ほぐすとき／すこし辛抱が要るようだ」（吉野弘）。

じっくりと辛抱強く取り組む以外にないのだから、前向きに邁進しなければならない。「情熱を持って根気よくコツコツと堅い板に穴をあける」ような作業（M・ウェバー）が政治の世界である。相手があることを知らなければならない。

「完璧なんて、不自然なことだとウソぶいている方がいい、本当のことをいうとき、相手を傷つけ易いものだと、気づいているほうがいい」（元首相・羽田孜の結婚式の祝辞）。感動を覚えた言葉を並べさせて貰った。人間社会で完全なもの、絶対的なものを要求してはいけないのだと痛感している。また「正義」がなければ平和を勝ち取ることは出来ないだろう。私は学生に、正義を口にする者を信用するなといってきた。日本人の正義といわれるが、「正義の日本人」とは聞かない。かつて万能評論家、亀井勝一郎が日本人の潔癖とはいうが、「潔癖の日本人」とはいわないといった。同じことが正義についてもいえるのではないか。そして人の為とよく政治社会で使用される言葉があるが、これも全く信用できない。中国、四千年の歴史の漢字でも、「偽」は人の為と分析できる。人の為というのは、ニセ、ウソということだ。まず自分の為、それを無理なく調和をとることによって人の幸せに転化できる行為でなければいけない。自分を大切にして、自分が大切ならば他人も同じく大切にしなければいけないという考え方が求められる。

四　コロナ禍後の政治社会は――「災い転じて福となせ」――

世界は危機のたびに飛躍し、変わってきている。ペストが猛威を振った一四世紀の中世西欧は、神に対して敬虔であった。ところが人口の3分の1がバッタバッタとペストで死んでいった。そうすると、「神様はいないのでは……?」と、「どうせ死ぬなら好き勝手なことをして死にたい」。当時の「十日物語」にも修道院長が露骨に性交を迫る場面がある。これが近代小説の始まりとなったのは、余りにも著名である。またペストが巻き起したことが、ルネサンスの始まりであるのは周知の通りである。イタリアに起り、次いで全ヨーロッパに波及した。芸術上および思想上の革新運動である。現世の肯定、個性の重視、感性の解放を主張とするとともに、古くはギリシャやローマの古代文化を理想とし、それを復興させつつ新しい文化を生み出そうとする運動である。単に文学や美術、建築だけに限らず、広く文化の領域に開化したのもご存知の通りである。

神中心の中世文化から、ペスト禍は近代文化の転換をなしたのである。ペストは、従来の価値観を大きく変えていった。ペスト後に芽生えた「自由」は、経済にも大影響をもたらした。中世の西ヨーロッパでは、農村は共同体で、畑には柵がなく、皆んなで共働して、領主に年貢を納めた。その残りを皆んなが分け合いました。ところがペストによる大量死は、極端な労働力不足をもたらしたのである。そして領主は生産性を上げるためには、農民の労働意欲を上げなければならなくなった。そこで領主は、土地を貸し与えて、農民達に自由に麦を植えても豆を植えてもよしとし、またもちろん金になる羊を飼うのもよしとし、自分で考え行動することを容認した。その成果も、失敗も農民自身が負うのである。これが、今日まで引き継いだ資本主義であり、自由経済である。経済面でもペストは自由をもたらし、大変革をしたのである。

特にペストが深刻だったイギリスで資本主義が発展した。その結果イギリスは、強国となって、世界中に「英語」と「資本主義」を拡大していった。ペストの脅威を防げなかった教会は権威を失い、人びとの意識の中に「国家」、主権国家の概念が生まれたのである。

スペイン風邪でも同類の成果をもたらした。スペイン風邪は、一九一八年から二〇年に死者は世界中で三千万人とも、四千万人ともいう。

コロナ禍でも、「災い転じて福となす」ことを念じてペンを進めると、コロナ禍で外出制限が世界中に拡がり、ところによってはロックダウン（都市封鎖）もあった。またテレワークやオンライン授業の導入など社会活動に大きな変化が起きている。科学者や学問の世界でも同じだ。このような時世であるからこそ、革新的な科学が生まれることを期待し、確信している。

かつて、一七世紀のイギリスでペストが流行したとき、名門ケンブリッジ大学は閉鎖した。かの有名なニュートン（二二歳）も、止むなく故郷の村に帰った。一年半の休暇中、思索にふけり、あの有名な「万有引力の原則」、「光学」や「微分積分」という三大業績の契機になったと聞く。

他にオアルバート・アインシュタインは、大学卒業後に研究職を得られず、失意のまま、二三歳の頃、スイス特許庁に止むなく就職した。時間に余裕があって、仕事の合間や余暇に好きな物理学の研究に没頭できた。就職から三年後に「奇跡の年」と呼ばれる一九〇五年「相対性原理（一般・特殊）」など後世に残る不朽の論文を仕上げた。一九二一年ノーベル物理学賞をうけた。三三年にはナチス政府に追われてアメリカに帰化した。原子爆弾製造の研究に従事して、ナチスの脅威に対抗した。自由と平和を願う社会活動家としても有名である。

人類は困難の危機のとき、言葉でいいつくせないほどの人や物を失ってきた。しかし見識のある人物や知者が出てきて、後世に残る偉大な足跡や未曾有の大発明・発見を遺している。ところで、現代の私達がしていることは、どうか、ツケを将来の若者に先送りしたり、負の遺産ばかりを残していないだろうか。

「いかなる世代も未来世代の生存可能性を一方的に制約する権限をもたない」(加藤尚武・大阪大学名誉教授)のであって、将来ある若者の「未来を盗む」(グレタ・トゥンベリ、一七歳、スウェーデンの環境活動家)。そのような行為は許されない。いま無駄なことと思えても、「無用の用が用をなす」ことが多い。無駄、役に立たないとポピリスト達が切り棄てても、温めておれば、役に立つことがあるし、くるという箴言である。人間社会には、全く無駄なことはないと、古老の故桧山袖四郎県議長に教わった言葉である。

「もし世界があるならば／その片隅から磨くとしよう／もし永遠があるならば／いつも一瞬を輝かすとしよう」(ななおさかき詩集『ココペリの足あと』)。

「こんど生まれた時は、使えば使うほど今日の空に近づく瑠璃色の雑巾になろう」。

光輝いた大きな存在でなくとも、小さくともキラリと光る存在でありたいと、学生達に、「頑張らなくてもよい、諦めないで」と話し合ってきた。

「悲しいことは目標を達成しなかったことでなく、目標を持たなかったことである」(恩師・故後藤一

郎、早稲田大学政経学部長・政治学博士)。

「そんなにいそいで／何処へ行く／一刻の生／一刻の花／自己を見つめ／ゆっくり行こうよ／喧騒の世を」(故萩野浩基、津和野・永明寺住職、東北福祉大学長、早大政研七二)

「どんな　とき　でも　まいにち　こつこつやること　たいせつ　です」(鳴戸親方、元大関琴欧州)。コロナ禍では「ぶつかり」稽古はできなかったが、でも「いま　できること　しっかりと　やります」、「あきない　ように　やることも　たいせつ　です」(朝日・〝折々のことば〟)

「努力なくして得るものなし」(No pain, no gain)、C・アトリー、イギリス首相)。

人は完全でないので、失敗もあって当然だ。常に再生のチャンスを残してあげなければいけない。まず不遇な人や弱者のことを思うこと、「想像」することが求められる。「想像」しなければ、「創造」に継がらない。ただ懸念されることは、コロナ後に来るのが政治への幻滅という政治不信である。衆知を集めて、「災い転じて福となす」ことを願うばかりだ。

この「コロナ禍」に加えて、自然災害による被災という二重苦、三重苦に苦しんでいる地域がある。「弱り目に祟り目」だけでなく、弱者により大きなしわ寄せをもたらしていることに目を逸《そ》らしてはならない。

一人ひとりがわがごとと思い、願う気持で、「何んでだろ！　何んでだろう」(テツとトモ)と常に疑問を投げかけ、因果の世に関心を示して欲しいものだ。

「たった一人しかいない自分を　たった一度しかない人生を　人間　本当に生かさなければ生きてきた甲斐がないじゃないか」（山本有三、「路傍の石」）を贈りたい。

「人間はデモクラシーを必要とするほど性悪であるけれども、またデモクラシーを可能にするほど性善である」（ライジ・H・ニーバー）。

「牛乳を配達する人は牛乳を飲む人より健康である」（南ドイツ、バイエルンの諺）。

〈守るより破った奴《やつ》が上になり〉（香川県・中山喜博）。理不尽な社会をいかに克服するか?。

Ⅱ　日本・この国の実態

一　日本という国の特徴

来日したドイツの大学の学者先生に広島を二日間、付ききりで案内したことがあった。四〇年前のことである。どのように広島と日本の国を紹介し、説明するか苦慮した。その際、日本の特徴や広島などを説明するとき、日本の特徴を六つのないないづくしの国だと紹介した。子供同伴の家族もいたので、よく分る説明だと好評だった。

六つのないの特徴づけられる国（故高坂正堯・若くして亡くなられた、嘱望された国際政治学者、京大教授、「地球的視野で生きる」）を引用させていただいたものである。

まず第一に、「国境がない」。日本は、地理的に島国で、歴史的、距離的にも孤立している。同じ島国のイギリスのドーヴァー海峡は、一〇歳児でも泳ぎ渡ったり、人力飛行でも渡っている。対馬海峡を泳ぎ渡ったのは聞いたことがない。

第二に「少数民族が殆どいない」。一億二六〇〇万人中アイヌ人、朝鮮や台湾などの帰化人を含めても一%未満である。アメリカやロシア、中国や東南アジアの諸国を見ても多民族国家である。多民族国家の国家づくりは難しい。

第三は「上下の差がない」。かつて日本人の九割近くが中流意識であった。貧富差が少なく、階級がない。特に能力差が少ない。当時のアメリカ、インドやアフリカのザンビアの役人の給料差を比較して、ザンビア当りの政府の高官と最も低い公務員の差は百倍もあると聞いて驚いたことがある。日本は一五倍位いの差で、アメリカでも三〇倍の差であった。能力については、アホもいないが傑出した人物もいない。よくいえばツブが揃っている。悪くいえばドングリの背比べである。日米の海軍の人材を比較して「下士官クラスでは日本の方が断然上。将校の下では、日本の方がまだ少しよいかも知れないが、大体同じで、上級将校になると、アメリカの方が勝さっている。将官になるとアメリカの方が断然上だ」(源田実、参院議員、自衛隊出身初の国会議員、海兵卒、兄源田松三加計町長(現広島県安芸太田町)に同行したときの話題から)。日本は、能力の差がない国である。

第四に、「個人主義がない」。日本の社会では個人がその責任において行動してよいという限界がはっきりしていない。例えば、自分の仕事が終れば帰ってよいというわけにはいかない。個人主義とは、自分が一番大切だという考えであるが、自分が大切ならば他人も同じように大切にしなければいけないということで、利己主義とは全く違う。個人主義が潜在的にないところでは、デモクラシーは育たない。国家が混乱を起すとデモクラシーが定着しないからといわれるが、すでに戦後七〇年を余っているのにいつも同じ批判が新聞等に載る。これは経験年数だけではないことを意味している。

第五に「天然資源がない」。アルミ・ニッケル（一〇〇％）、鉛・亜鉛（少なく五〇％）、鉄・銅（九〇％）、石油（殆ど一〇〇％に近い）。食料も自給率三七％、オリジナルカロリーからすると六割以上である。また資源の片寄りがあり、ウラン（九割・アメリカ、カナダ、ロシア、南アフリカ）、石炭（八割以上・アメリカ、ロシア、中国）、ニッケル（八割以上・カナダ、ニューカレドニア）、アルミ（七割・オーストラリア、ギニア、ジャマイカ）、石油（六割・中近東）等々埋蔵量が偏在している。

第六に「軍事力が少ない」（経済力に比較）。ＧＤＰ一％、アメリカ七三二〇億ドル、中国二六一〇億ドル、インド七一一億ドル、ロシア六五一億ドル、サウジアラビア、フランス、ドイツ、イギリスと続き、９番目が日本で、四七六億ドル、10番目が韓国四三九億ドル（ＳＩＲＩ調べ・二〇一九年）。経済大国世界三位である。軍事費減の国が増えている中で、中国、インド、アメリカは急増の傾向が見える。

「地球的視野で生きる」から引用して日本の特徴を説明、紹介すると、おまえの話は、要領を得て分かり易いと誉められた経験がある。

ところで、第三の特徴として、「上下の差がない」を挙げたが、日本人の九割に近い人達が自分は中流層だという意識をもっていた。当時の大平正芳首相でさえ中流意識をもっていたのには驚きであった。

しかし現在の日本人は、ジニ係数から判断しても明確に格差を感じ、それを認識している。大手企業の役員報酬の高額化が進み、一億円以上の報酬を得た上場の役員は五三八人を超えた（二〇一八年）。コロナ禍でも変わりはないようだ。教育に連鎖するから深刻だ。コロナ禍による休校中、世帯年収が低い家庭の子供は、高い家庭の子供に比べ、学校でも学校外でもオンライン教育を受ける機会が大幅に少なかったことがわかった。世帯年収が六〇〇万円未満なら二割、六〇〇万円以上なら四割超であった（内閣調査二〇二〇年五月）。また正社員と非正規の手当差、待遇差訴訟が最高裁に上告されて判断が待たれている現状でもある。

欧州や日米などの先進国が加盟している経済協力開発機構（ＯＥＣＤ・二六か国）は、加盟国での貧富の格差が増幅していることを指摘している。加盟国の上位一〇％の平均所得は、下位一〇％の九倍に達し、富裕層が所得全体に占める割合も上昇している。ＯＥＣＤは、格差是正の対策として、富裕層への増税を提言している。

日本では、若年層のワーキングプア、経済の自由化や終身雇用制度の崩壊による賃金格差、親の所得が子供の進学率に影響する教育格差などが社会問題となっている。特に子供の貧困は、教育格差を生み、貧富の格差を繋げることは周知の通りである。子供の貧困は、次の世代に、そしてその次の世代に連鎖するので、政治が最も注視をし、見落としてはいけない。7人に1人が貧困状態にある。とりわけ母子世帯の貧困率の高さは長年の課題である。

日本の相対的貧困率（所得全人口の収入の中央値の半分、一二七万円未満である世帯数の比率）、一五・七％は、ＯＥＣＤの上位の悪さで、すでに社会問題化している。

ジニ係数でも明確な貧富の格差が現出している。ジニ係数とは、日本の国会で宮沢喜一蔵相が持ちいて、貧富の格差の指標となっている。イタリアの統計学者、コラッド・ジニが考案し、〇から一までの数値で示される。所得の格差が小さくなるほど、〇に近づき、大きくなると一に近くなる。もし〇と示されると、その社会全体が同じ所得ということになる。逆に君主だけが富を得て、国民は全く所得なしとなると、係数は一となる。ＯＥＣＤ平均は０・３１４で、１位はスロベニア（０・２３６）、２位デンマーク（０・２４８）、３位ノルウェー（０・２５０）と続く。日本はというと、先進国平均より下位で、０・３２９であった。子供の貧困率を一三・五％と高い数字（二〇一八年）である。アメリカの貧困率は高く、貧困ライン以下の二三・一％である。アメリカンドリームは消滅しているといえよう。

多次元貧困指数（ＭＰＬ）も同じ結果で、保健、教育、生活水準の三分野で数値価した調査のことである。多次元貧困の九割近くが、南アジアとアフリカのサハラ以南にある。これらの地域は、多産多死から多産少死にシフトして人口爆発が起り、食料不足と餓死を国連は懸念している。一五億人を超える人達が多次元貧困状態で、南アジアは五四％、サハラ砂漠以南は三四％の人達が住んでいる。

世界上位二六人の資産が、下位三八億人と同じだ（国際ＮＧＯ「オックスファーム・インターナショナル）。また世界富豪二一五三人が持つ財産は、貧しい四六億人の総資産を上回るとの資料もある。どちらにしても、天文学的数字で、にわかには理解できにくい数字である。ともかく想像すらできにくい。同じ星に生まれ落ちながら、一体なぜこれほどの格差が存在するのだろうか。「長者富に飽《あ》かず」といわれるように、いくら金持でも満足せず、人間の欲望は、際限のないものである。現実に、現代社会は金持ちがより豊かに、逆に貧しい者はさらに貧しくなる。コロナ禍で、飢餓による死者が四八％増加する予測もある。

この現実に心を痛めている長者もいる。大富豪の八〇人余りが、「私たち富裕層は増税されるべきだ」と発信し、署名した書簡を公開して各国政府に訴えた。「非常事態でも私たちは仕事を失う心配はない」、「最前線で働いてもいない」と率直に述べたうえで、「即座に、大幅に、永続的に」税金を増やすよう求めている。仮に富裕層に〇・五％増税したら、国際ＮＧＯが推測すると、２億６千万人の子供が教育を受けられる。さらに３３０万人が救済される医療制度の整備ができるし、まだおつりが出るほどである（「天風録」中国新聞）。

特に子供の貧困は連鎖が懸念されるので、最も配慮が求められる。一日二一〇円未満の生活している子供は、５人に１人で、世界中に四億人を超えるという。社会保障の保護家庭の子供は、三五％に上ぼると指摘されている。働く人達でも、ワーキングプアは七億人とＩＬＯ（国際労働機構）は指摘している。自分の力ではどうしようも出来ない人達が想像に絶するほど多い。日本の子供達の貧困率は、改善されて、一三・五％で、先進国ＯＥＣＤ二六か国平均一三・三％より低い数値には驚かされる。

ところで、世界の飢餓人口は、九億人を超え、コロナ禍で貧しい人達にしわ寄せ、弱い者に大打撃で二重苦、三重苦を強いて厳しい生活を余儀なくしている現状である。

「この世に住んでいる人は／誰でも往かねばなりません」（吉野弘「住と往」）。不老長寿ということはない。しかし人間の欲望は尽きることはなく、際限なく続くものである。

この対応に多くの賢人、知者によい知恵を出して貰いたいものだ。人間には、さまざま欲望がある。権力欲、物欲、性欲などの他に「名誉欲」もある。名誉なくして人間関係がスムーズには行かない。馬鹿じぁ、カネは儲けられない。カネを稼いだ者は「偉い」と名誉を与え、表彰する。その表彰を国内だけでなく世界的に、例えばノーベル賞並みに国際機関が奨める。名誉の分配を世界規模で実施する。脱税も、マネー・ゲームあるいはマネー・ロンダリングのような不祥な金も遮断できるのではないかと、女子大生から提言があった。面白い妙案、玉案だと賛同した。「名誉の分配」を世界のリーダーに諮問し、諮って見るのは如何かとの意見も出た。

日本のデモクラシーが育たないのは、経験年数だけでなく、個人主義がない国だからだと指摘してきた。デモクラシーは、下から「いいか、いいか」と問いかけ、下から出発し、構築する概念である。しかし日本の政治は、民主政治の考えを抑え込み、右も左も「我々国民は……」といって民意を先取りしている。これでは民主政治は育たない。

日独のファシズムを比較してみると、ドイツのナチズムは一回一回選挙の試練を受けて政権に上り詰めた。日本の軍国主義は、上意下達で、「バスに乗り遅れるな」と、野党の社会大衆党がいち早く解党し、「大政翼賛会」が、近衛政権下で新態勢運動の結果、結成されて国民統制組織が一九四〇年一〇月に生まれた。日本は上から、ドイツは下から選挙に勝って政権を取った。だからナチスは戦況が悪くなっても常に国民に配慮を忘れなかった。日本はどうか、「兵隊さんは命がけ」、「私達はタスキがけ」といって感情が一人歩きをしてあの戦争を戦った。

最後に七番目のないの特徴をつけ加えておきたい。日本は、「伝統がない国」でなく、「伝統を守らない」国だと提起したい。戦前は、国家あって個人なしであった。戦後は、あの忌わしい戦争として戦前のことは皆悪いと何もかも捨て去ろうとして、「個人あって国家なし」となってしまった。例えば、日本の受けた恥辱を自分が受けたと考える国民の少ないことは、世界最下位クラスと聞く。

「これほど知識が溢れているのに、それが知恵に結びつかない時代は、実際これまでの歴史になかった。」（ティム・インゴルド）、知識は世界をある程度予測可能なものとすることで人々の不安を振り払ってくれる。いちど知識による武装を得たら、人はそれ以上世界に注意を払わなくなる。知恵とは、逆に世界に飛び込み、それを語らう中で「道」を探すこと（「人類学とは何か」、奥野克己・宮崎幸子訳）、「折々のことば」（朝日新聞）。

二　日本人の盲点

日本人が余り気付いていない、日本人の盲点について探ってみたい。これまで日本の常識が外国の人達に理解されなく非常識と取られていることに気付かされる。日本の非常識が、世界、特に欧米諸国では常識といわれたことも多い。

日航のハイジャックとルフトハンザのハイジャックを比べると、日本では福田内閣の採った「超法規的措置」としてハイジャック犯に五億円とその上にパスポートまで持たせて出国させた。一方、ドイツではソマリアのモガディシュ空港までＧＳＧ９（特殊部隊）を出してハイジャック犯を皆殺しにした。日本の福田赳夫首相の採った例外的な超法規の措置は、世論の九割超が止む得ないと容認した。日本人は、欧米諸国と異なり、例外を好み、原則論は融通性がないと好まれない傾向があるように見受けられてならない。

外交政策や防衛のあり方について相当の違いが見受けられた。その一つに国の防衛問題について顕著に見受けられる。かつて日本では、一九五五（昭和三〇）年の左右社会党の統一と民主・自由両党による保守合同がある。この結果、$1\frac{1}{2}$政党制と皮肉られながらも、自民・社会の二政党による「二大政党制」が、出発を果し、戦後の政党制を大きく決定づけた。長期の自民党政権で、日本社会党は万年野党であった。
社会党の防衛政策は、東西の冷戦下でもあり、「羹《あつもの》に懲りて膾《なます》を吹く」の大戦からの反省で、「非武装中立」が党是であった。日本国憲法の戦力放棄規定を厳格に守り、一切の武装と武力手段を放棄し、積極的、絶対的中立を維持する方針であった。日本安保条約の廃棄、各国との友好不可侵条約の締結などの外交政策のほか、一、自衛隊の解消、二、非核武装宣言、アジア太平洋非核武装地帯の設置などを主張していた。

日本が特定の国を侵略する気がなければ相手も日本を攻撃して来ないという考えである。果してそうだろうか。発展している日本が目障りで、また日本に魅力を持っている外国は皆無だろうか。戦争放棄や武力の不保持が九条に定規されているが、それだけで戦争を仕掛けられたり、戦争に巻き込まれたりしないという根拠はどこにあるのかを知りたい。そして日本が第二次大戦後、戦争をせずにこれたのは、日米安保体制や自衛隊の存在のおかげだということも否定できないのではないか。国の防衛のあり方は、国の思惑が少しズレれば、予算についても戦略的にも大きな落差が出てくるのは必須である。

私はドイツ（西独）政治学会長を広島市の平和公園に案内したとき如実に痛感したことがある。ゴールデンウィークだったので、町長公用車を私が運転した。道すがらドイツの大政治学者と話す中で、まさに鷹揚な態度で接し、話される紳士で、人柄のよさを感じさせる大学者だった。英語と独語を混ぜ、混ぜ話したが、ニコニコと聞いてくれた。平和公園の原爆資料館に到着、入場券を同乗の広島大学法学部長に買わせる面倒をかけてはいけないと、階段を駆け上がろうとしたら、何かいっておられる。よく聞き直すと、それまでニコニコ顔の会長先生が車に「ロック」するようにといっているのである。ドイツでは、駐車した車にロックしないと通りがかった人に盗み心を起こさせるというのである。通行人に盗み心を起こさせた人にも責任がある。ドイツでは駐車した車にロックしなかったら、罰則金を科せられると聞いた。カギをかけなかった被害者にも責任があるというのである。

欧米の国と法や法制度の捉え方の違いを気付かされた。日本では、盗った者が加害者で、盗られた者が被害者ということになるが、被害者にも責任があることを改めて知った。国の防衛問題にも同じことがいえるのではなかろうか。非武装中立で日本が侵略する意図がなかったら、相手国がそっとして攻撃して来ないというノーテンキ的認識が日本人にはあると思われる。

日本が何もしない無防備だったら、相手国に悪い心を起こさせたり、日本に魅力を感じている国はないのか、厄介な隣国が多い現状だ。ロシアが占拠している北方の四島、韓国が占有している竹島、中国が一九七一年頃から突然尖閣諸島の領有を主張し出した。今なお中国の沿岸警備の公船が日本の領海を、毎日侵犯している。それに日本の近隣には、核武装する北朝鮮や南シナ海、東シナ海で覇権をうかがう中国がいる。こうした覇権主義行動を止めさせるには、対話以外に抑止力として軍事力は全く必要でないか。九条だけでの賛否で国際政治を見ることはできない（藤原帰一・東京大学教授）。日本だけが戦場にならなければよい〝孤立主義〟では国際的に理解し、安心して日本と対話ができないだろう。

ところで陸地の面積だけで見ると、日本は小国の部類に入るが、水産資源や海洋資源などの開発権を持つ排他的経済水域（ＥＥＺ）を合わせると、世界有数の海洋大国だといえる。この国を守るには、虎視眈眈の隣国のある中で国際的に非常識といえる非武装中立などあり得ない。「あつものに懲りて膾《なます》を吹く」では禍根を残すだけだ。

世界はいま、大荒れの状態だ。米中が本当に衝突しかねない。確かに米ソ冷戦中にも軍事的衝突は懸念されたが、両国とも核兵器を持ち、また均衡が保たれていた。しかし中国は果してそうだろうか。過去のコンプレックスと新しいプライドが交ぜ合った不安定な状態で躍進している（五百頭真・元防衛大学校長）。

また国連も七五年になるが、アメリカと共に戦後の世界秩序の構築に果してきた。トランプ政権の下でアメリカは「世界の警察役はやらない」といい出して以来、存在感が薄れてきた。グテーレス事務総長の力量に期待するところが多いが、秩序再編が必須である。米中は世界秩序の再編に取り組まなければ、大変なことになる。その接着剤となる第三国が必要だ。日本がその役割を果すほかない。激動の世界の中で、地政学的にも、経済力からしても日本が米中対立の仲介役を果さなければいけない。それは世界のためだけでなく、日本のためにでもある。米ワシントン大の研究発表にも、八〇年後の二一〇〇年に日本の人口は半減しても経済は世界4位と位置づけている。日本の国内総生産（ＧＤＰ）が、米国、中国、インドに次いで世界4番目の大きさになると推計している。多くの国で少子高齢化が進み、労働力が縮小する。日本も人口ほぼ半減するものの、経済規模では米中に次ぐ3番手の現在に近い上位を維持するとしている。

世界一九五か国と地域の過去の出生率や死亡率などに基づく分析結果である。ワシントン大のボルセット教授は「日本は労働者一人当りの生産性が相対的に高いと予測し、人口が減っても経済規模を他国に比べ保つことができる」と結果説明をしている。世界の人口は、因みに現在の七七億人から二〇六四年の九七億人でピークを迎え、二一〇〇年に八八億人にまで減少すると分析し、人口が急減する国では今の日本と同様に「社会保障などの継続が大きな課題になる」と見ている。日本の人口は、現在の一億二六〇〇万人から二一〇〇年に六千万人へと半減する。人口規模の国際比較では日本は一〇位から三八位に低下する。現在最多の中国も二一〇〇年には半減して三位に転落する。インドの人口が最も多くなり、二番にはナイジェリアが浮上すると推計する。

一方、経済規模の比較では現在トップの米国を二〇三五年に中国が一次抜くが、中国の人口急減に伴って二一〇〇年までに再び米国が首位に立つ。独仏など欧州勢も上位を維持する。人口減少は、女性が教育を受ける機会が増えて望まない妊娠を避けられることも背景にる。出生率がそれほど高まらないと想定し、国連の二一〇〇年の人口推計よりも二一億人少なく見積もっている。

経済力や地政学的な要因からして日本の貢献は、ＰＫＯにしても期待されるだろう。しかし正当防衛しかできない自衛官を他国に立たせるリスクに誰もふれない。私は海上自衛隊幹部候補学校で四六年出講し、世界が紛争のないことを願っているのは彼等ではないかと国民の無関心さを憂えるものである。

二番目に日本人の盲点ともいえるものに、多民族国家の政治がいかに難しいか理解できにくいのではなかろうか。少数民族が一％もいない国家で一億人を超える国はきわめて珍しい。アメリカにしても白も、黒も、褐色も日本人等の黄色人種もいる。違うのが当り前の異成社会であり、多様性の認識は幼少の頃より養われてきた。日本などは同じなのが当り前の同質社会、馴性社会であるから、「和をもって尊しとする」（聖徳太子「一七条の憲法」、この憲法は、今日の基本法と異なり、役人の心構えを定めた条文）。

ロシアでは、ソ連時代以来一二〇余りの言語を公式に認めていたという。その中に日本語は公けには入っていないと聞いたことがある。日本とは平和条約を締結していないからだ。一二〇超の言葉を公認しているということは、一二〇以上の民族・種族が存在することの証である。ロシアのチェチェンのテロ行為は宗教が絡まって、政治をより複雑化させ、困難にしている。他にインドのカシミール、ベルギーのフランドル、スペインのカタルニヤやあのベレー帽子発祥の地・バスクの独立運動、中国のチベットやウィグル、また中国では一〇〇に余る民族・種族を抱えている。カナダの仏系の多いケベック、いま世界の難民で問題視されているミャンマーのイスラム系民族のロヒンギャ、国家を持っていないクルド人がある。トルコ、シリア、イラン、イラク、旧ソ連（主にアルメニア、アゼルバイジャン）等々に住むクルド人は、一〇〇〇万から一七〇〇万人ともいわれる。前者は各政府の推計、後者はクルド人自身の推計だ。各国政府はクルド人勢力を過少評価したいのに対して、クルド人はそれを誇示したいからである。クルドという名前が定着したのはイスラム教誕生の七世紀以降とされる。クルドの殆んどがイスラム教を信仰するが、アラブではない。十字軍を撃退してエルサレムを奪回したサラディンは一二世紀に活躍したクルド人で、一般に「アラブの英雄」と呼ばれている。アラブ軍を指揮したからである。民族に絡めて一層政治を困難にしているのが宗教である。

日本人の盲点の三番目は、宗教である。二一世紀は、「神と神との戦い」の宗教対立が激化かし、テロを地球規模で拡散させたといえる。人間の幸福・心の平安を求めるものであるはずの宗教から、無差別の殺人を肯定する凶悪な集団が生まれていることは、現代社会が持つ負の側面を教示している。宗教から暴力を引き離すことが政治の課題となり、一層困難なものとしている。これからの人間が生きる前に宗教が立ちはだかっている。また民主化を求めた「アラブの春」がもたらした混乱に乗じて、シリアとイラクにまたがる領土をもつテロリスト国家を出現させた「イスラム国（ＩＳ）」は、イスラム圏を含む国際社会の全てを敵に回し、各国の総攻勢の前に支配を失なった。領域的には国家としてほぼ消滅した。しかし全世界からＩＳに集まった数万人ともいわれる戦闘員のうち、生き残った者の多くが出身国に帰国して活動を続けて、「テロの拡散」が国際社会の新たな脅威ともなっている。ＩＳの出現はこれまでの国家観では理解できない存在となっているし、政治の世界を複雑怪奇なものとしている。

あえて日本人の盲点として四番目に挙げられるのが、気候の厳しさを日本人は理解しにくいのではなかろうか。日本は、地理的には温帯地域から亜熱帯地域を南北に位置する島国である。日本は、いまコロナ禍で三密でのソーシャルディスタンスが声高に叫ばれ、「外出を控えるように」と温かい助言をちまたに聞き従っている。コロナ禍と自然災害による被害という二重苦に苦しんでもいる。一〇〇に余る活火山、また太平洋のプレートと大陸のプレート、それにフィリピン海プレートがぶつかり合って、地政学位置から火山の噴火、地震、台風の通り道となる災害列島であり、「天災は忘れた頃にやってくる」（寺田虎彦）どころか、「天災は忘れる間もなくやってくる」のが実状である。「弱り目に祟り目」という諺があるが、重ねて不幸や災害は襲ってくるものだ。外国にも「マーフィーの法則」とか、「ソッドの法則」という経験則がある。「悪いときに悪いことが重なる」で泣面に蜂である。それはよりよって最悪のときに起きるという笑いの経験則であるが、笑って過せる事柄ではない。今年もコロナ禍に加えて二重、三重苦の目に合った人達にはお気毒で言葉もない。

日本は、四季があり、種を蒔くと芽が出ると思いがちであるが、世界では逆に種を蒔いても芽が出ないところが一般的である。寒い暑いといっても生きていくのに係るような温度ではない。日本で一番寒かったのは明治三五年一月二五日、青森の第八師団第五連隊、八甲田山「雪中行軍」で遭難、一九九名凍死、生存者一一名のときだった。著名な「八甲田山死の彷徨」（新田次郎）、映画化されて周知であるが、その時旭川測候所でマイナス四一度が寒さの記録であるが、シベリア当りの極寒地では毎日その程度の温度を体験している。暑い日は今年、熊谷市が四一・一度を経験しているが、アフリカのサハラ砂漠やアメリカのカリフォルニア、デスバレー等々と比べると暑いといっても人類が生死にかかわる暑さとは異なる。日本ほど自然現象に恵まれている国土は他に類例がないといえないだろうか。温暖な気候の日本人には理解できにくい。

三　日本人の意識

日本人の意識を考慮するとき、殊更に違うとか、変だと強調するのには違和感を覚える人も多いだろう。同じ人間だから、温かい血が流れているのだから、掘り下げて考えることもなかろうと指摘する人もいる。

島国であるという地政学的、歴史的に醸成された事柄は以外と多く認められる。例えば、「忠」と「孝」の意識にも相違が見られる。

「あなたは、国のために進んで戦かいますか」。日本（一〇％）、韓国（八五％）、米国（七〇％）等。「あなたは日本人であることに誇りを感じるか」。日本（六二％）、韓国（八〇％）、米国（九六％）。「あなたはもっと国は責任をもつべきだと思うか」。日本（六九％）、韓国（二九％）、米国（一〇％）、ミシガン大学と日本総研の11か国共同調査である。

この意識調査から判断すると、日本の防衛問題は、壁が高いと考えられるし、利益の私化、損害の公化の印象が残る。若者の政治意識になると諸外国のそれと明確な相違が見られる調査結果もある。

「あなたは今の自由の政治にどのくらい関心がありますか」。非常に関心がある、日本（九・五％）、韓国（一六・七％）、米国（二二・〇％）、英国（一九・九％）、独国（一三・一％）、仏国（一四・三％）、スウェーデン（一三・八％）。「積極的な関心」が低いし、「どちらかと言えば関心がある」を含めても、日本（五〇・〇％）、米国（五九・四％）、独国（六八・九％）、英国（五五・九％）である。

「私の参加により、変えてほしい社会現象が少し変えられるかも知れない」という意見についてどう思いますか。「そう思う」は、日本（六・一％）、韓国（一一・五％）、米国（一八・九％）、英国（一四・六％）、独国（一七・八％）、スウェーデン（一四・三％）、内閣府「我が国と諸外国の若者の意識に関する調査（一三〜一九歳）、二〇一三年」。

社会への意識が低い日本の若者だといえる調査結果だ。他の調査でも同じ傾向である。「自分で国や社会を変えられると思う」と考える若者は、日本では二割以下、日本財団がアジアや欧米九か国の若者（一七〜一九歳）計九千人を対象に行った調査で、次のような結果がでている。この調査は、二〇一九年に、日本、中国、韓国、ベトナム、インド、インドネシア、米国、英国、独国の九か国で行われ、各千人の若者達に、国や社会に対する意識を尋ねた調査である。

調査では、まず「あなた自身について」として、将来の夢があるかなど六項目を尋ねたが、日本はいずれの項目でも九か国中、意識が最も低い結果であった。

「自分で国や社会を変えられる」とした若者は、日本は一八・三％だった。最も高かったのはインドで八三・四％、次いでインドネシア六八・二％、米国六五・七％だった。

「自分を大人だと思う」については、日本は二九・一％だったが、中国八九・九％、インド八四・一％、ドイツ八二・六％。

「自分は責任ある社会の一員だと思う」では、日本が四四・八％だったのに対して、中国九六・五％、インド九二・〇％、英国八九・八％等だった。

また、「自分の国の将来について」との問いでは、日本は「良くなる」が九・六％、「悪くなる」が三七・九％、「変わらない」二〇・五％、「どうなるか分からない」三二・〇％だった。「良くなる」の最多は中国（九六・二％）で、インド（七六・五％）、ベトナム（六九・六％）の順だった。欧州連合（EU）からの離脱問題に揺れる英国では「悪くなる」は四三・四％で、日本よりも割合が高かった。

「解決したいと思っている社会課題」（複数回答）についての問いでは、日本の1位は「貧困をなくす」（四七・八％）で、次いで「政治を良くする」（四三・三％）、「社会的弱者に対する差別をなくす」（三九・二％）の順に高いものであった。

将来を担っている若者の意識が、これ程の格差が出ることはその国の未来を予測し、占うことができる。ことを起こす気概のある大人を望めないし、夢のない国民が多くなるということにならないか。

「いったい若者のやらかす無意味なことほど意味深いものはありません」（関口存男、ドイツ語学者、関口文法として著名、独文学者・池田紀「ことばの哲学」から)。

日本人は、違うと強調することは禁物だと承知の上で意見を先に進めたい。「不言実行」が美徳の日本人だ。欧米のデモクラシー国家では有言実行が尊ばれる。「沈黙は泥」である、スイスでは「雄弁は銀、沈黙は金」という諺があると聞くが、ともかく日本人は、〈物言えば口唇寒し秋の風〉である。

また日本人の選択基準に、「人並み」とか「世間並み」という基準があるが、果して人並みを望んでいっているのだろうか。自分の子供には、よくして貰える、よくなるだろうと期待を込めて、高い授業料のいる私立の学校へ行かせるし、決して人並みを望んでいないのではなかろうか。現在は格差があるけれども、かつて日本人の八割超が中流意識であった。十人一色のマスプロの時代が過ぎ、一人十色の時代になり、「ハブイング」から「ビーイング」に、いかに善い生き方をするかが求められる時代になっている。

次に日本人は、But族、あるいはOR族かという話がある。日本人がBut族といったのは、ルース・ベネディクト(女性のアメリカの文化人類学者)である。アメリカ軍から終戦後の日本統治のため、日本人の性向調査を依頼され、戦後間もなくベストセラーにもなった「菊と刀」の中にある著名な言葉である。ベネディクトは、日本人が反対意見の際、「○○さんの意見は素晴しいと思いますが」といって、「しかし」といって反対するという。初めからNOとはいわない。反対だというともっと柔軟性があっていいじゃないかとその場の同意が得られにくいという日本人の特徴を述べている。この「菊と刀」は、いまも「古典的日本人論」として必読本である。「菊と刀」の中で、日本は「恥の文化」で、西欧は「罪の文化」の国だと指摘している。

ＯＲ族とは何か。Ｓ・シュナイダー博士（カナダ・元ケベック大学教授、極東政治、外交が専門）の「日本人論」である。シュナイダー教授は、ベネディクトのＢｕｔ族を認識して日本人をＯＲ族といったのである。日本人は、豊臣秀吉を百姓出身の出世のお手本としたら、一方の徳川家康を「狸親父」にするし、楠木正成を忠君愛国の志士とすると、もう一方の足利尊氏を悪玉にする。ＡＮＤでなくて、分別を二者択一のＯＲで判断するというのである。欧米の見方、考え方はＡＮＤであるから情況の判断に長けているとも指摘される。

日本人は、他国民と比較して能力の差がないといわれている。確かに善いか、悪いかの「善悪」の判断をはじめ、「美醜」、「損得」、「白か黒か」、「利害」などの判断は、的確に出来る。しかしこのような判断を生かして育てる「情況の判断」には弱いのではないか。情況の判断は、リーダーに求められる判断でもある。従って粒《つぶ》が揃っていると評価されることもあるが、「団栗《どんぐり》の背競べ」ともいわれる。傑出した人物もいないとよく指摘される。言葉を変えれば、賢人、偉人もいないが、阿呆もいない。鳥瞰的な見方、鳶《とんび》が空高く下界を見るように、時々静止し、見渡し、そして熟慮する考え方が不得手の様である。「情況の判断」が出来ない者は、喧嘩も弱いといわれる。日本人は、ケンカのコツを覚えるべきで、協調だけを重宝しておると馬鹿にされることも忘れてはいけない。

四　日本的思考と諸外国の比較

今、大人気を集めたテレビドラマ「半沢直樹」が完結した。ドラマは、堺雅人さん演じる巨大銀行の行員、半沢が理不尽な仕打ちに立ち向かう物語である。前作は「倍返しだ」の決めぜりふだった。コロナ禍で奮闘する医療関係者の気持を表す意味で「施されたら施し返す。恩返しです」とか、半沢の妻・花の最後の労《ねぎら》いの言葉、「ありがとう、ご苦労さま」や香川照之の演じる大和田が半沢に言い放つ「おしまいDEATH!」等々、半沢の姿にコロナ禍での閉塞感から解放された者も多かったであろう。半沢は理不尽な組織のはざまで「いい社員」でいるより、「いい仕事」をする。現実ではそのように生きられないから、魅力を感じる人が多いのだろう。

この「半沢直樹」のテレビドラマをワクワクして見ていたとき、日本的思考の原型はこのドラマにあると思った。半沢のストーリーは、時代劇の王道そのものだ。「忠臣蔵」や「水戸黄門」に見る勧善懲悪のヒーローで、メデタシ、メデタシで終り、今忘れかけている正義という揺るぎない信念を持つ半沢と重ね合わせて、共感しているのではなかろうか。

アメリカの思考の原型は西部劇にあるのではと思っている。アメリカの思考は、戦いの中から平和を求めるし、欧米人は、戦争と平和、また平和と戦争を切り離して考えない。裏と表の関係と捉えて、自分や家族を守るのも具体的で率先して銃を持つ銃社会である。欧米人の警戒心は具体的であるが、日本人のそれは、疑心暗鬼で抽象的な警戒心である。いつも誰かが、どこかでよいことをしているのではと回りを疑念の眼で見ているといえる。

欧米では、親密でない相手と徹底して自己を主張し、しかも戦争や喧嘩と違って相手の意を知るために話し合い、「共存の道」を発見するために対話を重ねていく。

日本人は、ホンネでいわない。タテマエで物をいい、ハッキリと物をいわない。常に物言えば唇寒しで、控え目にいう。ハッキリ物をいう人を探せといえば、政治では小泉純一郎とスポーツでは北島康介ぐらいだろうとの印象がある。

敢えて目を転じると、日本とドイツの軍人の比較で大山巌元帥とドイツのヒンデンブルグ将軍は、共に戦場では何もしなかった。その評価は、大山元帥は「軍神」と崇められ、ヒンデンブルグ将軍は「粘土の足をもった巨人」と不評であった。

大山元帥は、日露戦争で奉天の合戦のとき、児玉源太郎参謀長にはね任して何もしなかった。あの轟く大砲の音を聞いて、「児玉ドン、あの音は何んじゃいか」と聞いたという。物怖じしない太腹な大人《だいじん》ということで「軍神」として崇められている。一方、ヒンデンブルグ将軍は、第一次大戦でタンネンベルグ戦の際、ルーデンドルフ参謀長が指揮をとり、何もしなかったと評価は低い。粘土の足をもった巨人といわれたが、後に大統領にはなった。

蛇足であるが、大山元帥伝を書いたお孫さんによれば、大将に求められる素養は、「知っちょっても知らんふりをすること」だとのことである。沖縄戦で、牛島満中将も何もしなかった。

日本社会では、「泣いたが勝」の世界である。〝泣く児と地頭には勝てぬ〟という諺があるように泣いたが勝である。地頭とは、鎌倉・室町幕府の職名で、警察権と司法権を共有する役人で、怖がられた存在であった。勝てない相手に、泣く児と地頭を同列に扱っている。

田中角栄元首相がロッキード事件で逮捕されたとき、角さんがぽろりと涙をこぼした。連日、田中批判をしていた毎日新聞でさえ、「なんの涙か田中が泣いた」とこれまでの田中非難がトーンダウンした。日本人的感情の同情が入ったのかどうかは不明だ。

他にも大手の二大証券会社・山一証券が倒産したとき、野沢正平社長が記者会見で「社員が悪いんじゃないのです。私達が悪いんです」と公衆の面前で大泣きをした。アメリカの新聞論評は、リーダーとして失格で、公衆の面前でなく指導者を全人格の崩壊者という表現だったと聞く。そのアメリカで、ニクソン大統領がウォーターゲート事件の責任をとり、大統領を辞めた。ホワイトハウスをヘリコプターで去るとき、「ホワイトハウス、グッドバイ」といって涙をぽろりと落した。次の日のアメリカの有力紙は、香しいものではなかった。大陸間弾道ミサイルのスイッチを押す権限をもっている大統領が泣くのは容認できないという論評だった。コンピューターつきブルドーザーといわれたニクソンも限界だったと同情的な報道はなかったのである。

もう一つ、自動車の排気ガス規制を世界で初めて手がけた功績で「マスキー法」という法律がある。これは、エドマンド・マスキーが委員長で公害防止策の先駆け法として制定した。実力者・マスキーは、大統領候補者のトップランナーだった。次の大統領はマスキーだと思われていた。しかし奥さんがアル中だと新聞でスクープされ、立候補選を断念した。ＩＣＢＭの命令できるアタシュケースと共に行動する大統領夫人、ファストレディがアル中というのは大統領不適任とスッパ抜かれて断腸の思いで辞めた。その新聞社の前で、「俺と妻と何の関係が大統領にあるんだ」と泣きながら抗議をした。アメリカの社会は冷たく、同情的な声は聞けなかったという。

先述の角さんの一人娘・田中真紀子が外務大臣を辞めたとき、涙を出して記者会見をした。少しは同情的記事は窺えたようにも思った。早稲田の同期で格別の親近感を覚えている。ともかく公衆の面前で政治家は泣いてはならぬのである。

日本人の感覚で、「もうちょっと」というのがある。もうちょっと、もうちょっとで頑張り抜いた。気が付いたら、ドイツを抜いて世界二位の経済大国になっていた。現在は、中国が日本を抜いて二位である。

前述したカナダ・元ケベック大のシュナィダー教授は、日本人は誠実だから、小さなウソはつかない。しかし「大きなウソつき」だというのである。円高になると、日本は貿易立国だから日本の経済は左前になり大変だと声高にいう。また逆に円安になると、日本は資源のない国だから、大変だと大騒ぎをするが、円高、円安で企業が倒産したのを聞いたことがない。小さなウソはつかないが、「大きなウソ」は平気でつくと指摘され、言葉がなかった。

また日本人は政治を理想を与えてくれるものだとの認識がある。ただし政治は、変転する社会に適合し、国民の生活を守る技術で、国民の要求、ニーズを最大限に満足させながら、全体の調和をはかる技術であることを見落している。政治は、自由にふるまえる基盤づくりであって、こうしろと指針を与えることではない。

政治の危険なことは、まず1番目に政治の中に理想を求めること。2番目に政治家を理想の体現者であると要求することである。理想の政治とは、たくさんの理想を許容する政治で、「理想の共存」にある。政治に過度の期待と抑制のない情熱を求めたり、政治家を理想の体現者だと思い違いをすると、政治は全体主義になり、独裁政治を生むことになる危険性が生じてくる。

政治が女性化、レジャー化し、草食系人間になっている。特に他人を見る眼が弱い日本人は、たくさんの人を見る眼が単純化される。いい人ごっこをし、善人節を歌い、身の証の立て比べばかりする。力のある人、票のとれる人にすり寄って、人気とりに走るポピリストが横行しているのは、嘆かわしい限りで、慙愧に耐えない。日本人は、もっと正しいことは正しいと主張しなければならない。

五　コロナ禍から見る政治とリーダー

1　コロナ禍と政治

「変化のスピードが激しく不確定な要因が錯綜する現代社会では、従来通用していた〝地図〟はもはや役に立ちません。自分は何をしたいのか、どこに向って進むのかというしっかりとした目的をもって、自らのコンパス（羅針盤）に従って、前進するのが、何よりも重要である、ことを痛感した昨今です」（渡辺重範、元早稲田大学副総長、早実高校長の書簡文）。政治は変転する社会にどのように対応していくのかに意義があるが、肝心の政治が右往左往するようでは国民は狼狽するばかりだ。コロナ禍で、より一層拍車が掛っている現状だ。

世界中がコロナ禍で大混乱、寝ても覚めてもコロナ、コロナでカオスの状態が続いている。「どうしてよいか」、「どうしたものか」、半年以上過ぎた今日も、特効薬も即効薬もなく、ワクチンもはっきりした見通しが立たない不透明な苦汁を嘗めている昨今だ。

大流行した感染症の中で、人類が根絶できたのは天然痘だけである。今後はウィズウィルスで共生しなければならないだろう。ウィルスは進化しているようだが、悲しいかな人間は余り進化していないようだ。ともかく「うえを／したへの／おおさわぎ」（まどみちを「もやし」）で、もやしに譬えられる。

ところでコロナ禍で改めて学んだことも多い。〈誰ひとり正解がないコロナ論〉（相生・ブー風ウー）。評論家も専門家も皆未経験者だ。〈コロナ禍で世界はひとつ思い知る〉で、〈あっけなく世界はコロナでつながった〉（豊中・豊中のタカシ）。ウィズコロナでは地球規模で協調し、共生、そして共助が必須である。しかし指導者の中には逆流している輩《やから》が結構多くいるのはまことに残念至極だ。子供達までも一生懸命に、〈見えぬ敵泡泡　水で流そうね〉（読売ゴボちゃん）、〈密着も癒着もいけないコロナ禍は〉でくよくよ悩まず、まず実行、有言実行である。コロナウィルスとの戦争は、敵が見えない戦争であるけれども、不特定多数の生命を奪いにくる戦争と同じだ。そして政治はコロナの感染防止と経済のバランスに苦悩している。地球が従来の営みをこのまま続けていれば、存亡にかかわるという問題を私達に突きつけているともいえる（前述渡辺）。

また、日本の政治対応がこれまでトゥリトル・トゥレート（too little, too late）に回り、全て後手後手だと批判されると、一転国の借金のツケを若者に先送りして湯水が如く大盤振舞をする。まるで火事場泥棒ではないかとの声を聞く。未曽有の国難なので、国権の最高機関である国会は、開会しておくべきところ、閉会された。〈安倍首相国会から避難・非難対策〉（東京・みっちゃん「ふんすい塔」毎日新聞）。〈長居は無用火事場泥棒〉（東京・三井正夫）の指摘の通りだろう。本来政治は、変転する社会変動に対応するところに意義がある。いかに「お手伝」をするかにあり、出鱈目すぎて口が塞がらない。経済対策予算は、年間予算を超えて一〇八兆円、煩悩の数に合わせたように思われてならない天文学的数字である。

確かに善き意図から生まれた政策が理想であるが、望むような結果が得られるとは限らない。政治は、意図を重視する「心情の倫理」ではなく、結果に対していかに責任を取るかにある。「責任の倫理」（猪木武徳・大阪大学名誉教授）が求められる。危機の対応は、特に〝ブレ〟ない決断、基本姿勢が求められるだろう。ブレる指導者には、信頼して付いて行けない。有言実行の民主社会では、胸を打つ誠実な言葉と態度が求められる。「臆さず、黙らず、憚らず」である。

ニュージランドのジャンシンダ・アーダーン首相（三九歳）はブレなかった。感染者八人の段階で、全入国者に自己隔離を求め、非常事態宣言を出した前後は、毎日ライブで直接訴え、答弁している。国民の九割が首相のとった封鎖策を容認したと聞く。国民は三九歳子育て奮戦中の女性首相、アーダーンに共感を持ち、強い政治指導者として従った。

女性で政権を率いてコロナの感染爆発を回避したのは、台湾の蔡英文総統も同じことがいえる。蔡総統の長兄と昵懇にさせていただいたこともあり、格別の親しみを覚える。蔡総統に最大のエールを贈りたい。

また島国ではないが、ドイツも、コロナ禍が落ち着きつつある。メルケル首相の誠心誠意の取り組みが成果を見せている。そこで世界の感染者が多い順にアメリカ、ブラジル、インド、ロシアの四か国はどうだろう。男性リーダーが権力を誇り、根拠のない強い発言を繰り返し、かえってウィルスを刺激したのか、改善・収束が見られていない。

多くの政治指導者達は、トランプやプーチン、モディをお手本にするのか、またブラジルのボルソナロ大統領の傍若無人ぶり、これだけ危機下にあっても「ただの風邪」と感染拡大を軽視し、死者の急増には「人はみんな死ぬ」といい張り、「熱帯のトランプ」との陰口にも、どこ吹く風である。政治指導者には強い覚悟が求められるが、履き違えていないだろうか。いま求められるのは、「正しく怖がる」ことである。ブラジル保健省サイトは死者数などのデータが閲覧できなくなっているという。ボルソナロ大統領自身が感染の憂き目に会っている。イギリスのジョンソン首相も、また強がりの代表・アメリカのトランプ大統領夫妻も大統領選挙前の貴重な時期に感染して大童だ。ベラルーシ、アンクサンドル・ルカシェンコ大統領（六選）も、また兵《つわもの》で、ウォッカを飲めば治ると豪語して自分が感染して大慌てしている。ウオッカで自分に酔っているとしか思えない。

コロナ禍は、戦争と異なり、透明性と情報の公開が必須である。いま大きな瀬戸際を迎え、コロナ禍と経済危機の時代にあって民主主義の限界が問われている。本当に失ってはいけないものは何か、実際に失われてみないと分からないだろう。しかしいえることは、今日の若者から彼等の未来を奪うことは絶対に容認してはならない。

「友だちとあそべない／どこにもいかれない／ひまになってしまった／学校はいやだったけど／学校にいっていたほうが／ずっとよかった／はやくいきたいなぁ」（「学校」長島寛太、静岡県富士市・原田小三年)。毎日が同じでも、「平凡で当り前だった日常生活がかけがえのない有難さ」に気付いた長島君に心よりのエールを贈りたい。これからは学校がいやでなくなると思う。藤沢周平も、「普通が一番」が口癖だったと聞く。

新型コロナウィルスに感染した首脳

三月、ジョンソン首相(英国、五六歳)、四月、ミシュスチン首相(ロシア、五四歳)、六月、バシニャン首相(アルメニア)、エルナンデス大統領(ホンジュラス、五一歳)、七月、ボルソナロ大統領(ブラジル、六五歳)、アニェス暫定大統領(ボリビア、五三歳)、ルカシェンコ大統領(ベラルーシ、六六歳)、八月、ホティ首相(コソボ、四四歳)、九月、ジャマテイ大統領(グアテマラ、六四歳)、十月、トランプ大統領(米国、七四歳)。首脳が感染し、国政に著しく影響している。イギリス首相は、一時重症化し、ラーブ外相が代理を務めた。

2　コロナ禍とリーダー

危機状況下のリーダーはどうあるべきか、日本の安倍首相は、国民と同じ目線に立っていただろうか。二月末の記者会見のとき、生活の不安に押し潰されそうになった多くの人達が出てきた頃、官僚が書いた原稿をプロンプター(原稿映写機)の棒読みで、記者の追加質問も打ち切って立ち去った。

首相は、国民にわがごとと思い、願う取り組みと連帯を求める必要があったのではないか。国民と同じ目線に立ち、同じ苦しみを持ち会わせているとは到底思えぬ態度であったように見えた。〈棒読みの記者会見でミスもなく〉（春日・あのくさ）か。

三月の時期に、ドイツのメルケル首相とニューヨーク州のクオモ知事の二人とは全く違っていた。これまで経験したことがない危機に遭遇したのだから、誰しも不安で一杯であったであろう。メルケル首相も潰れそうになった。その時メルケルは、「私も心配、私も弱い」という視点から連帯を訴えた。国民向けの演説でも、感染者や死者の数字について、「これは数字じゃありません。具体的なお父さん、お母さんのことであり、おじいちゃんの話です」と。また外出制限を求めた会見では、私達は民主主義社会だ。何かせよと強いられるのではなく、知識を共有し、積極的な参画を促すことにより繁栄する。これは歴史的任務であり、力を合わせることでしか乗り越えられない」。「私権をいま、制限することが民主主義にとってなぜ大切なのか」をメルケル首相は、丁寧に説明し、説得に努めた。

メルケル首相は、共産圏・東ドイツの出身で、渡航や移動の自由は苦難の末に勝ち取れた権利だと誰よりも体験しており、「制約民主主義は決して安易に決めてはならない。しかし今は命を救うために避けられないのだ」と懇切丁寧に規制への理解を求めている。メルケル首相の自由の制約は、苦渋の決断であったとドイツ国民は理解し、納得した。支持率は急上昇をした。

メルケル首相は、イギリス初の女性リーダーでマーガレット・サッチャ首相と類似している。「鉄の女」の異名をとり、その政治は「サッチャリズム」と呼ばれた。一連の新自由主義的な政策を断行してイギリスを一変させ、それらの政策の伝播を通じて世界を変えたリーダーであった（豊永郁子・早稲田大学教授）。アルゼンチンとのフォークランド紛争を指揮し、決断の早さに世界を驚かしたサッチャとメルケルは、三つの共通点がある。

まず一つ目は、お二人とも科学者である。サッチャは名門オックスフォード大学で「化学」を専攻し、独学で弁護士資格をとり、政治家になった。メルケルは「物理学博士」であり、二人共現実的で合理的、論理的手法で緻密であった。

二つ目は信仰にある。食料雑貨店を営むサッチャの父はメソジスト教会の説教師である。メルケルの父はルター派の牧師である。二人とも敬虔なキリスト教徒で、政治的判断が堅固な信仰に基づいている。これは大きい。

三つ目は勤勉さである（前述豊永郁子）。会議には誰よりもよく準備して臨み、働くことを厭わない性格である。

外見的には、サッチャとメルケルは似てはいないが、内的資質については共通するリーダーだといえるのではないか。メルケル首相は長期にわたる政権で支持率も下降線をたどっていたが、支持率は持ち直している。国民の前に自分の弱さを吐露することを躊躇わなかった。弱さを隠さない人間こそ、強さを持っていることも国民は知ったのである。ニューヨークのクオモ知事も、市民の痛みと同じ処に立っていると、毎日の記者会見で市民は見て取った。クオモ知事は弱さが見えるリーダーであるが、市民は弱さを隠さないクオモ知事に絆と信頼を覚えたのである。

大阪府の吉村洋文知事にも同類の弱さが窺えた。三月の三連休に、大阪と兵庫両府県間の不要不急の往来を自粛要請した時、真摯な態度と苦渋の決断に府民は共感を覚えた。「弱さを隠さない人間こそ強さを持っている」。精一杯進んでいる精進たる指導者には、弱そうに見えても連帯という絆を気付かせ、底力を感じさせるものだと知った。「精進」がスポーツでも他の分野でも大切である。私の書斎には、早稲田が生んだゴールドメダリスト・織田幹雄先生の「精進」が輝いている。それは座右の銘である。〈オレのようなアホにも響く吉村知事〉(神戸・浦田耕治)。

「ぐちをこぼしたっていいがな／弱音をはいたっていいがな／人間だもの／たまには涙を出したっていいがな／生きてるんだもの」(相田みつを)。虚勢を張らなくともよい、真摯な態度で精進することを教わった。もう一編、「誰だってあるんだよ／人に言えない／苦しみが／誰だってあるんだよ／人に言えない／悲しみが／言うとぐちになるから」(相田みつを)。

〈知事総理まず無能さを讃え合い〉(朝日)。恰好をつけず首相も小池知事も、精進している動静が大切で、国民は見落してはならない急所を知っている。麻生財務大臣がいわなくとも、国民の「民度」は高く、日本社会は成熟した社会であることを忘れてはいけない。〈都知事選投票したい他府県民〉(奈良・しばあんこ)。〈マスクして目力分かる知事大臣〉(市川・いくじなし)。〈二枚舌隠しきれないアベマスク〉(東京・政憂政商)。〈ポイ捨ては昔タバコで今マスク〉(大阪・都島　大工のおっちゃん)。

3　コロナ禍と安倍前首相

安倍首相の動静は、香しいものとは到底いえないものだ。〈また増えたモリカケ桜黒川も〉（幸手・百爺）。安倍首相は、自らの弱さと正面から向き合い、生の声をもっと届け、訴えていくべきだった。「ご飯論法」などは国民に不信を買うだけで、首相の権限でもない「休校要請」をしたり、場当り的な側面が余りにも多かった。精一杯邁進しているという「精進さ」が見受けられないと国民は思っているのではなかろうか。〈内閣がその日暮しになっている〉（鳴門・かわやん）。〈他人には説明責任問う首相〉（東村山・早とちり）。〈あのマスク着けてる人が首相です〉（海南・めた坊）。

マスコミの中には「嘘つき総理」とか、「泥棒政権」とまで揶揄嘲弄し、扱き下ろしている。〈「責任」って重い言葉と思ってた〉（横浜・けやき）。〈「責任は私」ただの口癖ね〉（大阪・佐伯弘文）。〈責任にデスタンス置く安倍首相〉。それらは、安倍首相が吐いた「虚言」、「詭弁」、「責任逃れ」にあると思われる。「責任は私にある」、「責任を感じている」といっているけれども、具体的な結果を誰も知らない。また「緊張感をもって」、「スピード感をもって」、「丁寧に」、「真摯に」などと雄弁に語っているが、全く事実と反していることが多い。〈「真摯」とは聞かぬことだと河童の屁〉、〈聞きあきた「緊張感持ち」注視する〉（東京・塩田泰之）。〈ズレ放しマスクと責任＝首相〉（千葉・いんば鯰）。〈総理より正直という自負があり〉（東京・新橋裏通り）。〈痛感すればとらずに済む責任〉（東京・立肥）。〈早口でスピード感を出す総理〉（福岡・名誉教授）。〈「スピード感」には個人差がありますな〉（京都・語句楽）。〈諫言ができぬ自民という組織〉（湯沢・馬鹿馬太郎）。〈総理って見てるデータが違うのか〉（津・ちょちょ）。〈「言葉」に逆襲される首相〉だとここまで扱き下ろされると気毒にさえ思う。遠慮せずに直言、諫言する側近がいないのは、摩訶不思議としかいいようがない。「侃々諤々《かんかんがくがく》」で政治の実態を見て、言ってくれる人がいないのは、残念で寂しい限りだ。

かつて官房長官だった野中広務、また中曽根内閣の後藤田正晴官房長官は、「歴史を忘れたらあかん」、首相であろうと「ならぬものはならぬ」と首相にさえ従わなかったことがある。「ご意見番」として、歴史を省み、その価値を守り抜いた後藤田正晴と野中広務は、私の知る真の保守政治家であった。野中さんには、親友の息子さんの結婚式に隣席させていただき、温めていたことを話させていただいた。

他に時の川柳の中で、目ぼしいものを拾い出して見ると、〈時は過ぐ全力尽した証なく〉（神奈川・門口泰宣）。〈「〇〇が決めた」首相の常套句〉（埼玉・小島福節）。〈官僚の原稿なしで出来るヤジ〉（越谷・小藤正明）。〈安倍総理責任とらずにほおかぶり〉（埼玉・井上雄次）。〈お気軽に使われ「真摯」泣いている〉（大分・首藤洋一）。〈何をもて「痛恨極む」何もせず〉（神奈川・幸田良平）。〈総理ウソ「動静」欄に記録あり〉（東京・三神玲子、黒川検事長問題で）。〈返す気がないから借金し放題〉（千葉・片柳雅博）。〈マスクでは総理責任取って着け〉（東京・後藤克好、二六〇億も使った責任か）、〈「なのだろう」と他人事みたいに言う首相〉（大阪・遠藤昭、「だ」と断定しない人だ）。〈安倍さんは旅行会社も知り合いか〉（静岡・石垣いちご）。〈うまいねぇＧＯＴＯトラブル透逸だ〉（枚方・リリカ）。〈政商と癒着持続化給付金〉（愛知・石川国男）。〈コロナでも総理周辺好景気〉（糸島・かよぽん）。〈行き当たりばったり「日本モデル」なり〉（埼玉・西村健児）。〈国民の理解なくて進まぬと首相〉（神奈川・大坪智、理解なくともいつもやっているのでは）。〈また出たよ「わしら何も悪くない」〉（神奈川・幸田良平）。〈役人は役に立ってこそ役人よ〉（交野・片町線）。〈うそつきは出世のはじまり〉（西宮・ボン）。〈遅かれ早かれ「公僕」まぼろし〉（栃木・井原研吾）、諫言、進言できない役人・側近ばかりなの）、〈大抵は「まったく当らぬ」当っている〉（福岡・牧和男）。〈指揮権を使えぬならば人事権〉（北海道・小関守）。〈検察を私物化せねばならぬ傷〉（福島・柴崎茂）。〈「丁寧に」造反議員をまず外し〉（神奈川・高田正夫）。〈「丁寧に」首相言霊《ことだま》穢しけり〉（東京・田島宙耳男）、〈寄り添うが枕詞の人おるね〉（茂原・きんぼうけ）。〈新しい禅語に「日々是口実」〉（平塚力）、〈蓋をするただそれだけでこうも持ち〉（栃木・井原研吾）。〈長けりゃ偉いならヘビ偉い〉（埼玉・磯見満智）。〈外遊に在職期から除外せよ〉（埼玉・角見久雄）。〈安倍さんの前の総理ご存知か〉（高知・松本健三）。枚挙にいとまがないほど多いので、一応打切る。

4　菅新政権に期待するもの

菅義偉新政権は、安倍路線を「継承」、菅新首相は、就任の記者会見で「目指す社会像は自助、共助、公助、そして絆」を基本理念に掲げ、「自分でできることはまず自分で、地域や自治体が助け合い、その上で政府が責任を持って対応する」と述べた。もっともなように聞えるが、公ができる限りのことをする、温かい決意が伝わってこない。まず自分で、その上で政府との首相の言葉から、未曽有のコロナ禍で、日々の生活に押しつぶされ、明日が不安でどうしようかと焦燥感と不安にかられている人がいかに多いか。人は誰でも老いていくし、思わぬ不幸に出会うかも知れない。これがコロナ禍であり、いま頑張っている人に「頑張れ」というのはその人を一層苦しめる言葉ではないか。また個人の努力には限りがある。叩き上げの人の言葉とは思えない。

首相は「小さな政府」を求めているようで、地方自治体すら「共助」に追いやり、「その後は政府が」といいつつ、「自分でできることはまず自分で」と声を大にしている。首相の「公助」感覚はすり替えられていると違和感を覚える。政府は、地方自治体と共に国民から負託された「公」であり、国民のためにあることが忘れられてはいないか。「政治は支配することでなく奉仕することにある」（アーネスト・パーカー）。自助、共助には労働環境の改善が必要で、自助、共助ができる社会の実現が求められる。労働者の四割、二一〇〇万人以上が非正規で占めている現状と、もともとアベノミクスが抱えていた問題が、コロナ禍に直撃されて一層深刻化している。また「努力していない者は助けないぞ」という響きを感じるのは私だけだろうか。いってることが軽く感じられ、中身に乏しい。歴代最長の政権運営を担った安倍前政権の七年八か月、日本に何をもたらしたのだろうか。1に、経済政策、アベノミックスの効果は国民に実感のあるものではなかった。2、安倍首相の胸を張る外交も、外国訪問国の歴代最多だけだった。ロシアとの北方領土、北朝鮮の拉致問題も進展はない。政権の私物化、モリカケ、桜と黒川事件だけが残っている。3、官邸の人事権掌握による官僚の政権への忖度は、実直な一公務員を自殺にまで追い込んだ。さらにコロナ禍対策の迷走は全く理解に苦しむ。これから「安倍政治」の総括がなされ、それぞれの立場から賛否両論となるだろうが、しかしながら、その政治手法を是としての継承はして貰いたくないものだ。「ご飯論法」と呼ばれるごまかしやすり替えの答弁や恣意的な「官邸人事」の横行は〝忖度官僚〟を生み、行政の公平性を損ね、公文書の改ざんや廃棄まで招いた。更に、意に沿うか沿わないかでマスコミを選別し、言論の自由にまで影響を及ぼした。問題が起きる度に「丁寧な説明」との嘘を繰り返し、政治への無力感を国民に植えつけ、政治不信を招いている。

菅新首相には、誰もが生き易い社会の実現へ新しい息吹が吹き込まれることを期待する。そして多様な価値観をもって弱者の視点に立っての政治手法が改めて欲しいものだ。政治は、国民に奉仕、サービスするにあることを忘れないで貰いたい。

〈住みやすい日本を菅さんに期待〉（大阪・竹野忠）。〈だけれど菅にも疲れていましたが〉（東京都・富山茂雄）。〈お手頃のメニュー貼り出すスガ食堂〉（埼玉・宮入健二郎）。〈鎖外れポチ駆け上がる九段坂〉（愛知、立花三郎）。〈太郎にもボケとツッコミあるらしい〉（静岡・勝田敏勝）。〈良い悪いよりも最後は好き嫌い〉（福岡・龍川裕三）。〈今はまだパンダのような目で見られ〉（千葉・片柳雅博）。〈いま気づく「アベ」に疲れていたのだと〉（東京・渡辺俊夫）。〈縦割りのついでに横槍《やり》一〇〇番〉（埼玉・西村健児)。〈これも要る隠ぺい改ざん一〇〇番〉(愛知・牛田正行)。〈そのうちに「自助警察」が出やせぬか〉(埼玉・小島福節)。〈一番の正直者に見え不思議〉(大阪・石田貴澄)。〈お花見が悪いと言っているのじゃない〉(岡山・藤井信哉)。〈止めたとて説明責任無くならず〉(東京・田村安正)。〈令和から自助おじさんに変わりけり〉(奈良・東仲一)。〈図に乗って学術会議にけちをつけ〉(東京・三井正夫)、〈俯瞰とはどこかで安倍さん苦笑い〉(広島・中原史博)。〈菅さんもようやるなぁと始皇帝〉(京都・桑原宣彰)、〈目の上六個目障り瘤《こぶ》取り爺〉(大阪・山中葉子)。〈その理由「語らぬ」じゃなく「語れない」〉(大阪・遠藤昭)。〈相容れぬ人に目にもの見せる癖〉(福島・柴崎茂)。〈オレ様は偉いんだぞ勘違い〉(鹿児島・中山憲太郎)。〈喧嘩売る憲法二十三条に〉(大阪・吉村治美)。〈じわじわと恐怖政治の叩き上げ〉(愛知・牛田正行)。〈習さんかプーチンさんかいや菅だ〉(栃木・大塚裕)。〈菅批判する句が出来てちと怖い〉(東京・土田耕作)。しかしエールを贈りたい。〈坊ちゃんに負けるな我らが叩き上げ〉(神奈川・須藤晃)。

六　政治に「まこと」はないのか

まさに「嘘と本当は黒と白みたいに、正反対なものとしてとらえるのは単純すぎる」(谷川俊太郎)といわれても、安倍首相が使用する言葉は強いけれども胸には響かない。「厳重に抗議し、最も強い言葉で非難します」「懸命」、「懸念」、「躊躇なく」、「一気可成に」、「遺憾」、「非難」、「強く」、「断固」などの言葉や形容詞がふんだんに使用されることが多い。

「胡散臭いの嫌いだね／自分を大きく見せる人」（杉本深由起、「臭」の自と大の漢字分析）。

「心に耳をあててごらん／聞くに耐えないことばかり」（吉野弘、「恥」は耳と心から成り立っている）。

「にんげん／一番いやなことは／じぶんが／じぶんに／うそをいうことだ」（相田みつを）。

「他人のうちに自分と同じ美しさをみとめ／自分のうちに他人と同じ醜さをみとめ」（谷川俊太郎）。相手の善いところをもっと積極的に見い出して誉めてやれば、今よりはうんと人間関係がスムーズにいくのでないかと自分に反問する昨今だ。

「人は誉められて／自分のよさに気付きます／愛されて／人を愛することができる人になります／認められて／心にゆとりをもつことができます」（故渡辺和子・ノートルダム大学長）。

「服あふれ靴あふれ籠にパンあふれ足るを知らざる国となり果つ」（故富小路禎子）、足りることを知らなければ際限がない。私達は、便利で豊かになれば幸せになれると信じ、頑張り抜いた。しかし幸せという実感と満足感はない。

〈ひと言で心浮いたり沈んだり〉（豊中・豊中のタカシ）。

七　日本・この国はスバラしい

ここまで現政権や政治社会を扱き下ろすと極左の一人と映るかも知れないが、全く違って保守的で、弱い人間である。国際的に比較して日本ほど善い国はないと確信している一人だと自負している。

「大津波逃れし人の避難所に百余の靴が整然と並ぶ」、「大難に謙虚に並ぶその列はけいけんな祈り我らへの教示」（韓国短歌会の秀逸月間賞）、川柳にも〈距離とって外までつづくトイレ待ち〉（愛知・岡本真悠希、一一歳）などを拝見して、世界的にお手本、模範的なお国柄だと自慢に思う。外国などに見られるデモが暴動化し、商店を襲い略奪行為をニュース報道等で見て、日本・この国に生まれてよかった、住んでよかったと痛感している。

ただ懸念されることは生活に追い立てられて疑心暗鬼になり、心のゆとりと人に対する思いやりが薄くなっていることも事実だ。

「朝焼け小焼けだ／大漁だ。大羽鰮の／大漁だ。／浜はまつりの／ようだけど／海の中では／何万の／鰮のとむらい／するだろう。」

「上の雪／寒かろうな／冷たい月がさしていて／下の雪／重かろうな／何百人ものせていて／中の雪／寂しかろうな／お空も地面も見えないで」（金子みすゞ）

金子みすゞの詩は、世の中の見落しがちなもの、現代人が忘れかけていることに気付かせてくれる。それは、温かなまなざしと優しさにある。自然や人間の中にある小さな喜びや悲しみを金子みすゞは思いおこさせてくれる。もう一つ金子みすゞの詩を紹介すると、

「わたしが両手をひろげても、／お空はちっともとべないが、／とべる小鳥はわたしのように、／地《じ》面《べた》をはやく走れない。／わたしがからだをゆすっても、／きれいな音はでないけど、／あの鳴るすずはわたしのように／たくさんなうたは知らないよ。／すずと、小鳥と、それからわたし、／みんなちがって、みんないい。」（金子みすゞ）

金子みすゞの詩、三編も表記させていただいたが、静かだけれど前向きなエネルギーを感じさせる。人間だけでなく、全ての生きとし、生けるものに温かいまなざしが窺える。「わたしと小鳥とすずと」は、民主主義の根幹を教示している。違うのが当り前、多様性の認識を教えてくれている。また自分は自分なんだ、他人と比べたりしない、それぞれが大切だということを思い知らされる感動的な詩だと思う。現代、人の上に立つリーダーに警鐘を鳴らしているといえる。

確かに奇麗ごとではすまされない人間社会である。「史記」（司馬遷、前一四五—前八六年?、中国史学の父と呼ばれる）に、顔回と盗跖のことを記述したものがある。顔回は、孔子の十哲の一人で、賢人誉れ高いお弟子さんで、晩年貧しく栄養失調、餓死したと伝えられている。その反対に盗跖は、大盗人の人殺しで、強姦は犯すし、ありとあらゆる「悪《ワル》」の代表で贅沢三昧の生き様であった。しかし死に際

もよく天寿を全うした。司馬遷も、「天道是か非か」と述べて、神様はいるのか、どうかといっているほどである。

世の中は、善人だけが救われるべきであろうが、悪い奴ほどよく眠る例はたくさんある。親鸞の悪人正機説に、「善人なおもて往生を遂ぐ。いやんや悪人をや」。善人が往生できるのだから、悪人は往生できない手はないだろうという発想は、ニーチェの価値転換と同じだ。西洋の大哲学者・ニーチェより親鸞の方が、はるか先に価値転換をやっている。これは逆説で、もちろん悪人を奨励しているのではないのはお分かりであろう。

これは親鸞の弟子・唯円が書いたといわれる「歎異抄」の中の言葉であるが、現代の政治指導者のポピリスト達にも見られる価値転換といえないだろうか。浄土真宗・西本願寺派の門徒、安芸門徒と呼ばれ古くから知られているが、小学生の頃、お寺の日曜学校で学んだ覚えがある。親鸞の偉大さは人間の器としての偉大さ、人間性および人間に対する厳しさにあると思われる。これは、まさにキリストにも通じるところである。伝えられるところによれば、キリストはメシヤ（救世主）だ、メシヤだということで皆んなに奉られた。奉られたとき、キリストは逃げたという。メシヤということを内緒にして、いつもボロボロのワカメみたいな服を着て、入浴もせず、ヤセ細った顔をして十字架上で死んでいった。

現代のポピリスト政治家にこれを求めるのは、酷なことであろうが、価値転換の悪用ともいえる、すり替えは容認できないだけでなく、悪弊で嘆かわしい。立ち止まって、自分に嘘をついていないかぐらい再考を促したい。コロナの感染拡大で、米国の国力低下と中国の台頭、さらに世界各地で分断が広がる。リーダー不在の世界は経済格差につながり、ポピュリズムやナショナリズムの伸長が進む。

1　自由と香港

また一方、中国の「国家安全維持法」制定に危機を覚える。香港の一国二制度は、五〇年不変という世界への約束が踏みにじられた。「もう香港には未来がない」。香港の安全維持法で、若い女性・周庭（二三歳）のSNSの投稿に注目したい。「仲間達や私が、これから危険な状態になる」。「日本の皆さん、自由を持っている皆さんがどれくらい幸せなのかを分かって欲しい。本当に分かって欲しい」と、日本語で投稿があった。

政治を批判する自由を守ってきた香港の若者達の無念と恐怖を思うと、むき出しの権力に背筋が冷たくなる（天声人語）。自由があり、自由によって経済が発展し、栄えるのが香港であった。しかし中国政府は、本土の経験から、自由なき経済でもやっていけると自信をつけたのだろう。また香港で起きている異状事態が中国本土の日常だということも肝に銘じて置かなければいけない。〈独裁は法の解釈から始め〉（湯沢・馬鹿馬太物）。

前述の周庭と香港の批判紙創業者は逮捕された。世界の世論の轟々たる非難の前に、中国政府も押制されたのか、また他に思惑があったのか一日で釈放された。〈大国の自由殺しを目撃中〉（大阪・清水康博）、〈罪状なんとでもなる国怖し〉（大阪・石田真澄）。

香港の民主活動家達の逮捕について、世界の良識ある人達が懸念を示したのに対し、中国政府はいつもの如く「内政干渉」を連発し、反発している。また「報道の自由」抑圧への批判にも、「香港は法治社会だ。いかなる人物にも特権はない」と正当化している。果してそうだろうか。基本的人権は、人間が生まれながらにして当然に持つ「自然権」である。国家や憲法に優越するものだ。国家権力によっても侵されない基本権である。前述しているように人類が過去、多くの人達の犠牲を払い、試練の歴史を経て勝ち取った「普遍の原則」である。基本的人権に係わる問題は、それを知った全ての者の責任で、一国家にとどまらない問題である。

その基本的人権の根幹である自由が、国家権力によって脅かされる状況を世界の人達が知った場合、放っておけない崇高な責任がともなうのである。中国政府は、基本的人権を尊重し、法治主義、「法の支配」の国家でないことを批判されても当然なことだ。中国の発展のためにも、真の世界のリーダーとしても歴史的に普遍の不名誉な「中国式」法治主義を脱却しなければならない。それを座視してはならない。

「すべての乱暴狼藉は、はたらいた者だけでなく、とめなかった者にも責任がある」（ケストナー『飛ぶ教室』）。

「若者達に伝えたい。人生の勝利とは、金を稼ぐことではない。倒れても、何度も立ち上がりやり直すことだ」（南米ウルグアイの「世界一貧しい大統領」ホセ・ムヒカ）。

2　自由の意義

自由とは、政治の世界では最も重要な歴史の成果だといえる。しかし何んでも自由でよいのか、他人の自由と合掌しないか、自分の責任を隠して転化していないか常に課題を残している。日本国憲法にも、人類の多年にわたる自由獲得の努力の成果と称え、過去幾多の試練に堪えてきたもので金科玉条の法である。それは現代人だけに求められる条項でなく、将来の人達にも侵すことが出来ない保障された権利である。フランスやドイツでは、憲法改正の限界を明文で定めている。フランス第五共和制憲法は、共和国という国家体制の改正を否定している（第八九条）。ドイツの現行基本法も、国民主権と人権の基本原則に影響をおよぼす改正は許されないと定めている（第七九条）。

勝手に改正されたり、頻繁に侵害されたりしない方策を講じなければならない。それが憲法の保障する基本的人権である。未来永劫に消滅することのない自然権である。

また一方ルールを遵守しなければ、反って自由が不自由になることも知っておかなくてはならない。例えば、自由だといって、土俵なくして相撲を取らしてみてはどうか、土俵がないので、どこまで押しても、引いても際限がない。これほど不自由なことはないのである。

ルールや法律は、人がつくったものだから完全なものとはいえないかも知れないが、皆んでつくったものだから、守らなければ不自由をもたらすことになることも忘れてはならない。現代人にとって多くの課題を残すことになるが、悪人探しをしたり、魔女狩りをしても問題解決とはならない。総合唱してよい解決法とならないことも心に銘記しておかなくてはならない。ただし自由があれば幸せになれるわけではないけれど、自由がなければ幸せにはなれないことも確かなことである。

八　日本の風土と政治感覚

日本人の政治感覚には、歪みがあると指摘されている。特に考えさせられるのは政治家の世界である。「お上」意識はないだろうか。政府をお上と皮肉を込めていっているのに、「お偉いさん」になったと思い違いはないだろうか。接頭辞の「お」を付けても必ずしも敬意を表わしている訳ではない。国権の最高機関のメンバーである国会議員に顕著に見受けられる。永田町の倫理観には、歪《いびつ》なものがあり、国民の政治感覚とは乖離していると思われることが多い。

まず第1に、不正や違法行為について、「バレなきぁよい」という意識が潜在的に窺える。仲間意識がはたらき、政治家なら誰でもやっている。バレれば、運が悪かったと同情される一面さえある。

第2に、人が嫌がることはしない。将来の国家や国民のためには悪者になる覚悟も必要なのに。

第3に、自己責任感が乏しい。民主社会で重要なことはいかに責任を取るかにある。議員の資質が劣化している証で、責任を転化し、弁明にあくせくしているように見えてならない。政党も派閥集団も、主義主張やイデオロギーの政策集団ではなく、「派閥力学」の人間関係の動静である。政党や派閥の勢力、権力闘争に明け暮れして、国民には政治目的が曖昧で見えにくい。これからの政治社会は、相乗型の責任体制の構築が望まれ、健全な競合システムが求められている、一強形態で一人ひとりの声が憚られ、埋没されてはならない。そういう悪弊は、一つひとつ除去していく努力と透明化が求められる。

権力のある政党やリーダーは、萎縮もせず、暴走もしてはならない。「うちの」、「外の」と差別をして、お友達ばかり集めるのは、ヤクザの世界と余り変わらないのではないか。

これからのグローバル化した政治社会は、「われら地球人」という認識と自覚を醸成し、バランスのとれた政治感覚が求められる。コロナ禍で学んだところでもあるが、個人あって国家なしでもうまくいかない。戦前は「国家あって個人なし」で、個人は埋没された。またコロナ禍で、一国○○主義、自国ファーストではコロナを根絶できないことも学んできた。

政治をはじめとする人間関係を、「友敵」関係、味方の友でなければそうでない者は全て敵と見なす二つに分断することは、政治が最も忌み、避けなければいけない事柄である。分断社会は、格差を生み、そして妬みの人間関係は歪んだ社会となり、不信を醸成する。そして社会秩序を不確な状態にすることを察知しておかなければならない。

〈良い悪いよりも最後好き嫌い〉（福岡・龍川龍三）ではいけないと思いながらも、正論に向かわない。

九　日本の風土と国会語

日本の政治風土として永田町界隈の意識に触れたが、国会についても同じことが指摘される。国会語というのがあるのをご存知だろうか。ホンネで語らずタテマエで話す世界である。これ等は、日本社会全般についてもいえるけれども、国会や地方議会でも国会に習ってホンネで述べないし、言及しないことが多い。

例えば、野党議員に詰問されたときなど、大臣や地方の首長が議会答弁でよく使用される言葉がある。「ご趣旨に対して前向きに取り組むことにやぶさかではありません」と答弁したときは、質問者の「気持は分るが出来ぁせんょ」というぐらいの意味だと理解してよい。他にも「研究します」とか「検討しますす」は、「できない」、「やらない」。「私なりに最善の努力をします」は、「おそらく駄目だろう」ぐらいだ。「ご意見はご意見として承っておきます」は、「そっちはそういうが、こっちはそうはいかんぞ」程度だ。「慎重に対応して参りたいと思います」は、「一応聞いておこう」。「なお研究し続けて参りたいと思います」は、「そのうちそっちも忘れるかも知れないし、次は落選して出られないかも知れない」。修飾語をつけて「鋭意努力します」、「可及的速やかに」、「遺漏のないように」なども同類である。

もし総理大臣が「解散のことは頭のスミにもありません」と答弁したら、「近く解散があるかも知れません。また解散のことばかり考えています」と解釈してよいのではないか。私もお世話になったことがある仮谷建設大臣（高知・宿毛市出身）が、一九七五年の自民党の政経パーティ（青森）で、リップサービスをして「この答弁は国会の答弁のようないい加減な答弁ではありません」といった。当然国会は紛糾した。国会がホンネでいったことで大紛争を起した例は多い。ホンネで失言した例をもう一つ挙げると、一寸古くなるが一九七一年、法務大臣が佐藤首相にクビにされたことがある。小林武治法相が、「国会の討議はお祭りで、われわれ「大臣」は、ひな壇に坐って居眠りしながら、終るのを待っている。二か月たてば、トコロテンのように予算はすっと成立する。なるほど国会というのはギャアギャア騒いでいるが、予算については野党にはないものだとお分かりいただけると思います」。余りにも国会軽視と野党をバカ扱いしている。ともかく酷すぎると佐藤栄作首相に辞めさせられた。法務大臣が問題児で歴代の法務大臣が辞職する例が多い。法治国家でありながら法務大臣は、大臣の中では閑職だからである。民主党政権のときなど、続け様に三人も法務大臣が替わった。

その中の一人、民主政権下の柳田稔法相は、「法務大臣はいい。二つ覚えておけばいいから」、「個別の事案はお答えを差し控えます」はいい文句。これを使う。これが「いい」と述べ、「あとは法と証拠に基づいて適切にやっております。この二つ何回使ったことか」。地元広島の新年会で、リップサービス、ホンネでいって法相を辞めた。柳田法相は、エンジニア出身で、法務大臣は適任でなかったといえる。大臣こそ適材適所が望まれる。

ホンネでいわない政治家で突出していたのは、竹下登首相が代表格だ。竹下首相の答弁は言語明瞭、意味不明といわれ、曖昧模糊として有名だった。「国会のことは言ってはならない」、「審議しつつ理解を求め、理解を求めつつ審議する」、「私の一身を燃やし尽さねばならない」、「五尺四寸のこの身体を燃し尽して国家、国民に尽したいと思います」とか、「この身命のすべてを捧げ、全力を尽くす」、当時歴代政権の最大課題・消費税についても「多くの方々の意見を聞き、最も早い時期に決断する所存です」などが顕著な例で、誰に聞くのか、何日頃決断するのか絶対にいわない。竹下首相の出身地、島根県掛合町（現雲南市）とわが音戸町（現呉市）は、山と海の町が姉妹町として交流を深めた。この仲立は、早稲田で机を並べた仲の景山俊太郎（掛合町、父町長、県議長・参院議員二期）の計らいであった。もちろん竹下建設相も喜んでくれた印象がいまもある。

安倍首相の答弁は、この竹下首相の言葉使いが類似している。安倍首相の父晋太郎と竹下は、当選同期で仲良しであった。父晋太郎の秘書だったのが安倍首相だったので、刷込みで習ったのではと推測している。

蛇足であるが、短命大臣が良く使用する言葉は、「頑張ります」とか、「一生懸命」を頻繁に使用しているようである。余裕がない証であろう。一方長期大臣は、「御存じの」とか、「是非」とかをよく使い、相手の面目を立てたり、相手を自分の方に引き込んで、自分の立場やその場の雰囲気に合わせようとする「ゆとり」が窺える言葉である。

国会議員や国の担い手の大臣の言葉が軽くなったとよく耳にするが、それはまさに国会をはじめとする議会審議が軽いものとなり、劣化している証ともいえる。より発展して述べると、「この国民にして、この政府あり」（カーライル）で、国民の政治に対する関心度を物語る縮図、指標といえるだろう。

政治をないがしろにしてはいけない。「政治を軽蔑するものは、結局軽蔑に値する政治しか持ち得ない」（トーマス・マン）。

1　議会答弁失敗談

政治には権威ある存在がなければならない。それが議会だ。議会が権威あるものでないと、デモクラシーが成熟期に入ったとは到底いえない。議員が身の証の立て比べやいい人ごっこばかりをしている限り、国民の信頼は得られない。議員が自己弁明と理屈ばかりいって、自己保身のみを考えているようでは、信頼を得るより不信を増幅させるだけである。

私が地方自治体の人口二万足らずの町長時代に慙愧に堪えない失敗は余りに多いが、機会を他に持ちたい。恥ずかしながら二例を紹介する。前述したように議会が権威と品位を保持するには、首長にも同じ責任が伴うのは当然といえよう。タテマエでいえばよいところを感情的にホンネで答弁したりすることである。質問者も適格な答弁を求め、期待していないときもあるからだ。

それは本会議であった。共産党の議員がことあるごとに、「〇〇は民主主義に反する」と理路整然と詰問してきたときのことである。その答弁に、「議員さんは、民主主義、民主主義といわれるけれど、民主主義は、デモクラシーの訳語でイズム（ＩＳＭ）ではありません。Ｄｅｍｏ＋（プラス）ＣＲＡＣＹの語源から推測すると、「民衆の支配」とか、「多数の権利」という意味で、どんな考え方も受け入れますよという民主制度か、民主政治というべきで、主義ではなく、哲学でも理念でもありません。デモクラシーは、ストリップと同じだと思っています」といわなくともよいことを付け加えて、「しまった」と思ったが、後の祭だ。その共産党の議員は、シベリアに抑留され、生え抜きの共産主義者で勉強家でした。私の答弁後直ちに、「民主主義をストリップとは何事だ」と畳み掛けて質問をしてきた。そのときも咄嗟に「しまった」と思ったが、すでに遅しであった。「民主主義をストリップに例えた根拠」を質された。このとき陳謝すべきところ「ストリップは一枚一枚脱ぐところに意義があり、一枚一枚脱がすところに意味があります。しかし大事なところは見せてはお仕舞！　えげつないだけです」といってしまった。タテマエで答弁し、陳謝しておけばよかったといまも猛省している。

その後、その議員は余り協力してくれなくなった。それまではいろいろな案件に賛成しないけれど、反対しない態度だったのにと思うと残念に思えてならない。

国会でも、地方の議会でも同じことがいえる。首相がヤジを飛ばすようでは全くいただけない。出来る限りホンネで品格と情熱を持って議会にのぞまなくてはいけない。二〇年間の首長を退職し、すでに三〇年近くになるが、ホンネとタテマエのせめぎ合いはいまも続いている。「過ちはすなわち改むに憚ることなかれ」（論語）である。

今回は多くある失敗談の中で、もう一つ付け加えておくと、これも心に残る場違いな発言であった。不謹慎なもので、いまでも恥じ入っている。それは町議会・総務委員会のことであった。

2　委員会失敗談

町議会議員の四年・任期近くになると、議員さん方はなんとなくソワソワする。関心ごとは、次の選挙に誰が引退し、誰か新人候補がいるかに集中する。委員会は、本会議と違ってリラックスした雰囲気で、情報交換の場でもあった。その中で、女癖のよくない議員に発言を求められていないのに、「立ちゃぁ、入れられるけど立たんにゃぁ入れられん。女性票がなくて落ちた人がいる。」と皮肉を込めていってしまった。立候補しなければ、投票したくとも入れられないと男女の間柄を懸詞で卑猥にいってしまった。この件は、議事録から削除して貰った。本会議でなかったのが幸いであった。

最近の公文書の改ざん事件（モリカケ、桜をはじめとする問題事件）で裁判沙汰になっているのもあるが、地方議会でもいろいろとあった。神聖であるべき議会で品位のない、生々しい卑猥な言葉や譬は全くいただけない。議会でヤジを飛ばしたり、何をいっても自由だというものではない。禁句もあり、何よりも品格のあるやり取りが求められる。

地方議会から国会まで議会が権威とけじめのある態度でのぞまないと、議会制デモクラシーは成り立たないし、機能を果さなくなる。政治不信につながり、凋落の一途をたどることになりかねない。議会が権威を持つことによって健全なデモクラシーが実現するともいえるし、成熟社会だといえるのだ。「議会軽視がデモクラシーの敵」（故小林昭三・早稲田大学名誉教授、小林研究室ではその門の石田光義（元早稲田大学教授、義弟北川正恭元三重県知事）、わけへだてることもない鞭撻をいただいた。令和二年初めにお亡くなりになられた。本書の上梓を小林先生にご報告したいものと思っていた。議会制度の凋落が、今後一層懸念される。

3 地方議会制度改革と運営の工夫を

最近、地方の議会議員に成り手がいない（高知県大川村など）といわれ、疎まれているが、残念に思う。年金をはじめとする待遇問題や議会運営の工夫も必要だ。アメリカに習って、定数を減らすとか、村、町と数人の委員会制を採用するのも一案であろう。国会とタイ・アップして取り組まなければいけないものも多い。

地方政治の重要な案件は、人口減問題である。人口減によって地方議会が魅力の薄いものとなったことにもよるが、議員の名誉欲は、潜在的に強いものがあると確信する。地域社会のお世話やまちの将来像をデザインできる議員職は、一度経験すれば、「カッパエビセン」で、「止められない、止められない」（カッパエビセンＣＭ）で、魅力のある大人の世界である。人口減で議員定数をもっと少人数にするか、クオータ制を採用して半数は女性にしてみては如何だろうか。女性の方が地域密着度も高いし、きめ細かなところに目が届くのではないだろうかと女子大で提言している。

議会での失敗、反省は数知れない。ＣＭでも話題になった反省猿の〝次郎〟のごとく、猛反省の日々である。反省猿のＣＭは三年続きで、次の年は、「反省したふりをしているが、本当に反省しているのだろうか」で、三年目は、「反省だけなら猿でもする」であった。反省も軽くなった言葉の一つである。

Ⅲ　日本の政治と選挙　これからの視点

一　「平成の大合併」の失敗

地方自治体にとって差し迫った課題は、人口減にどう対応するかにある。日本全体で1億2700万人台（二〇一五年）だったが、五〇年後には3割減の8800万人台に落ち込むと推読される（読売新聞）。これから地方が生き延びるには、地域の存続に向けた知恵が求められる。

市町村の実態は、一七一八市町村（二〇一七年）である。政令市を含む市町村数は一七一八でその内訳（七九一市、七四四町、一八三村）となっている。市町村数は、一八八九（明治二二年）の市制・町村制施行により一万五八五九となった。この「明治の大合併」は、江戸時代からの自然発生的な七万一三一四町村を、三〇〇～五〇〇戸単位で合併した。「昭和の大合併」は、事務や権限を市町村に移譲するための町村合併促進法施行による。「平成の大合併」は、行政サービスの維持・向上・効率化を狙ったものである。平成の大合併後となる二〇一七年三月末時点で、全国市町村平均人口は6万9067人、面積は215・4平方キロとなった。それ以前の一九九九年三月時点は3万6387人、114・8平方キロで、人口・面積ともにほぼ倍増した。私が住んでいる広島県は、長崎県と並び合併率が最も高かった。町村会長として在任中、七四の町村があり、村も六つあったが、現在、九町のみとなった。

1　「大きいことはいいことか」

かつてテレビコマーシャルに「大きいことはいいことだ」（著名な作曲家、山本直純）というのがあった。本当に大きいことは良いことか、検証を少しして見たい。平成の大合併は、大きくなることを目的としたもので、強くなることではなかった。市町村の規模を大きくしなければ、国の財源や権限を移すべきでないともいわれた。その結果、三二三二あった市町村が一〇年間で半減して一七一八になったのである。

明治や昭和の大合併は人口が増え、国力が高まる中での「攻めの合併（プラス志向の合併）」であった。しかし平成の大合併は視点が全く逆で、将来的に人口が減少し、少子高齢化が進み、国力衰退の中での「守りの合併」だったといえよう。

人口1万人以下の市町村が1万人以上の市町村と同じような仕事をするのは簡単ではないだろう。確かに自治体のやる仕事と、地域コミュニティーでやる仕事、住民自らやる仕事にわけて考えなければ、増える仕事が処理できなくなるのではないか。質・量のニーズが違ったもので、相乗型の責任体制構築を優先すべきであった。そういう対応、取り組みの工夫なくして、「バスに乗り遅れるな」と大政翼賛会に統合、統制下に組織されたのと類似している。平成の大合併のタテマエは、「地方分権の受け皿づくり」ということで進められた。強くなるための合併促進だった。果してそうだったのであろうか。実際は財政の論理が優先したもので、「大義なき合併」だったのではないかと思われてならない。

合併で周辺部となった旧市町村の多くは衰退し、特に大規模合併の周辺、離島の状況は、悲惨で全く人口減に歯止がかかっていない。

二〇〇〇~二〇一五年で、一五〇五の自治体が合併した市町村の人口減は、一七・五%、本庁が残った合併中心市町村・五八七の人口減は、八・一%、合併しなかった一一一八市町村の人口減は、九%であった。非合併の市町村より、本庁が残った合併中心市町村は、人口減が少ないという調査結果がある。

また、経費削減は推計で二〇%減であったが、民間委託料は一・五倍に増加している。五五七の自治体で「合併効果が表われるとされる一〇年後には年間経費一・八兆円の削減が見込まれると推測されたが、二〇一七年の五五七自治体では、人件費は五五〇〇億円から三六〇〇億円に減少した。しかし公共事業の建設費は、逆に七六〇〇億円減であり、補助費一七〇〇億円の増加であった。そして「好機を逃すな」に抱えた負債（合併特例債）の残高は五兆四六一五億円に昇っている。二〇四〇年の市区町村の人口は、二〇一五年比で2割以上減少する。合併で効率化が進み、周辺地域は大衰退である。例えば、政令市の浜松市の人件費は一八％削減されたが、非正規のパート市職員は一九九二人で二・二倍に増幅された。一三町村合併の上越市の人口減は一割減だったが、旧大島村では四割も減少している。他に同類の調査結果は多い。そして大規模の自治体の非正規職員の増加が顕著で、正規職員との格差は、歴然としている。これからの政治で最も憂えることは格差であり、格差の解消をどのようにするかが政治問題であるにもかかわらず、自治体が格差を増幅する切っ掛けをつくっている。

2　平成の大合併の実態

平成の大合併は「アメとムチ」によって国が主導して市町村数は半分近くまで減少した。市町村は、自立の芽も育ちつつあることも事実でいろいろと企画力も高めたといえるだろう。しかし私は、平成の大合併をもっと検証しなければいけないが、大失敗であったと思っている。合併する必然性はなかった。背景に国の財政危機があったからといわれているが、合併で国の財政が助かったこともない。国債残高は、コロナ禍も大影響して一千二百兆円超で、地方も二百兆円超で、川柳に〈返す気ないから借金しほうだい〉だ。地方財政も良くなっていない。ともかく感情的、錯誤に基づくムードによって合併が進められたといえる。

全てが政治主導だった。市町村数を千に減少させる行政改革大綱（二〇〇〇年末）がスタートしたのが原因だ。市町村が急速に合併になだれ込んだのは、小泉政権下、国・地方財政の「三位一体改革」で地方交付税が大幅に削減されたショックからだ（今井照、福島大学教授）。「国、県庁が合併しろといっている」、「時代の流れだ。避けて通れない」などといわれていた。理屈ではなく、感情的だった。中心となる市町村に行政を任せてしまいたいという丸投げと諦めの意識が、周辺の市町村にあったようだ。合併市町村への地方交付税は、一〇年間は前と同じに算定し、その後の五年間は段階的に減らす。合併によるスケールメリットで経費の節約が可能になる見込という理由である。この措置の終了によって九五〇〇億円程度の節減になると推測されていた。実際は二〇一五年の地方財政計画によれば、自治体全体の歳出総額は八五兆円超に上った。地方財政全体の一％程度の改善でしかなかった。

今後の地方財政は、地方交付税が二～三割程度減少するのに加え、合併特例債の償還が本格化するので財政の将来を考えれば、合併しないことが合理的だった。住民に奉仕、サービスをすることが自治体のモットーであるが、銀行が合併して支店を集約すれば合理化でき、経営効率も上がる。政治家がそれと同じだと単純に考えたのではないか。市町村の行政サービスと企業の効率化と同じと判断したのが原因のようである。コロナ禍と天災の二重苦、三重苦の対応で支障を来たして分ったことだ。

自治体行政改革・改善は同じように行かないかも知れないが、平成の大合併に背を向けて、単独で生きる道を選択した市町村一一一八は、予測以上に悪くないことを知って置きたい。今後は小さくとも個性・情報発信のまちづくりが求められる。平成の大合併は、「大義なき合併」であったと思われてならない。合併後の地方議員は、人口集中が進む中心部から選ばれ、周辺部には「議員ゼロ地域」が多く見うけられる。

これからは住民が自ら地域の未来を決定できる「自治体」を持つことが不可欠である。合併後に旧市町村の住民の意思で分離・独立できる仕組みを制度化しなければならない。有権者の3分の1で住民投票の直接請求を行い、過半数の賛成が得られれば、認める（島田恵司、大東文化大学教授）という提言があるが、賛成する者は多かろう。

いま、東京中心の考え方に片寄り過ぎている。「自分達の町や村には何もない」と嘆き、自分の住んでいるまちに誇りを持てない。分離・分離独立が可能になることで、ヨーロッパの小さな町や村のように、住民に自立・自律の意志があり、自信が生まれれば可能なことである。国家よりはるか先に人々の生活する集落はあった。集落がどんどん消滅していく。森進一の「襟裳岬」の歌を思い返そう。何もないのは恥かしいことではなく、新しい魅力が湧いて来ないだろうか。

二　「一票の格差」と投票率

総選挙、通常選挙が行なわれるたびに、正義感の強い弁護士達から、有権者が持つ票の「重さ」は本来同じでなければいけないと訴訟されている。実際には、選挙区ごとの人口、定数の割り振りなどで格差は生じる。

かつて衆議院、参議院選挙とともに一票の格差をめぐって、憲法が保障する法の下の平等を損なうものとして幾度か、違憲、違憲状態の判決が下っているが、一方では、「人口の少ない地域の権利・意見も軽視すべきでない」という考え方が無視されていることは、地政学的、または歴史観からして残念に思っている。選挙区を羊羹を切るように切り分けられるものではない。

衆議院小選挙区は、長く2倍台の格差が続いていたが、2・129倍だった二〇一四年の衆議院選挙を最高裁が「違憲状態」と判断した。二〇一七年六月、新たな改正・公職選挙法が施行され、格差は初めて2倍以下となった。選挙の仕組みの柔軟性がより低い参院選挙の格差は、5倍前後を推移してきたが、これに関しても二〇一五年の改正で約3倍にまで改善されてきた。格差は徐々に是正の方向にある。

衆院選挙の「一票の格差」がどこまで認められるかは、最高裁判決も明確に基準を示していない。人口以外の要素を考慮することがどこまで認められるのかも、議論になり得る。二〇一一年の最高裁判決は、最大格差が「2倍未満」となることを基本とした衆議院選挙区画審議会設置法三条の規定について、「投票価値の平等に配慮した合理的な基準を定めた」と評価している。ただ、最高裁は、中選挙区時代、「3倍」近くでも合憲の判決を下している。

各国では、選挙区の人口に関する基準を、様々な形で定めている。議員一人当りの人口や有権者数の平均を割り出し、各選挙区がどれだけ平均値から離れているかを物差しにする国が多いようだ。フランスは二〇％、ドイツは二五％を超えてはならないとしている。イギリスは、一部の島嶼部の選挙区については、格差の基準を当てはめないとしている。ノルウェーやデンマークでは、面積や人口密度が区割りに加味されている。そして各州二人ずつ選出されることが憲法に明記され、人口格差が問題にならないアメリカ上院のような例もある。

現在、十年に一度の国勢調査のたびに行っている区割り見直しの頻度も論点だ。ドイツは、下院選挙終了のたびに見直しているが、日本同様十年に一度程度の国が多い模様だ。一度決まった区割りを人口変動に合わせて頻繁に変えれば、有権者に混乱を招く恐れがある。

持論であるが、衆院選挙は、かつての中選挙区制に戻すのが、日本の政治風土に合っていると提言したい。イギリスの二大政党制を目的とした制度であるが、肝心のイギリスが連立内閣で、政権交替がスムーズといえなく、政策も一貫しているといいがたい。選挙区が小さくなれば、選挙にカネがかからないとも限らない。日本の選挙の地盤は、個人後援会組織に支えられており、イギリス等の党組織の支援ではない。

確かに衆院選挙は、2倍を超えては法の下の平等に反するといえよう。しかし一方、参院選挙は、教条的に一票の重さを求めなくともよいのではないか。それは政治体制も異なり、歴史的、地理的、また社会的にも違うものを単純比較するけれども、アメリカの上院は66倍の格差がある。カリフォルニア州の人口、3833万人、ワイオミング州の人口58万人であるが、各州二名の選出だからである。異なる体質の者を比較するのは無分別だと指摘されるだろうが、このままで行くと、将来鳥取や島根から国会議員がいなくなる可能性まで出てくる。島根の県民は、東京都民の六五倍の日本国土を守っている。国政選挙の全国平均五〇%そこそこであるが、島根県民は政治に関心が高い、投票率も七〇%近い高率である。

投票率は、もっと配慮に値いするものと思われる。投票率を上げることによって、健全な競合システムが構築でき、民主的な機能が発揮できるのではないかと提言したい。将来、より多くの関心を政治に持って貰う効果を狙って、高度の配慮が求められる。

二〇一九年の参院選挙の投票率は、四八・八%、二〇一七年の衆院選挙ですら、五二・六%であった。参院選挙の一八歳、一九歳の投票率は、一八歳・三四・〇%、一九歳・二八・〇%であった。そのうち男性・三〇・〇%、女性・三二・七%であり、男女共になると、三一%で各年代で最も低い投票率で若者の政治離なれが指摘される。

また首都圏の参院補選の投票率になるともっと低い。参院埼玉補選の投票率は、二〇・八%に落ち込んでいる。投票率の低下傾向が強まるなかとはいえ、有権者の選挙離れがここまで進んだことに危機を覚えた人は少なくないだろう。有権者の5人に1人しか投票しなかったことになる。知事を四期務めた上田清司に対し、与党が候補擁立を見送り、「完全無所属」を標榜したため野党から支援を受けた上田が、「NHKから国民を守る党（N党）」党首・前参院議員、大野元裕に圧勝した。国政選挙投票率歴代ワーストは、過去の参院補選に多く見られるが、その中でも下から四番目に入る投票率だという。首都圏の埼玉県はもともと低投票率の傾向がある。肝心の政党が選挙をないがしろにするようでは、有権者の選挙離れは歯止めはかからない。「審判に逃れた与党の責任」（朝日新聞）は重いといわざるを得ない。よりよい選挙制度のためにも、投票率は多角的な観点から議論が求められる。

他に市区長選を見ても、驚くほど低い傾向の流れである。二〇二〇年に入って県都の金沢市の市長選は二五・六％、下呂市（岐阜県）の市長選も二五％と低かった。富士見市（埼玉県）の市長選三〇％、門真市（大阪府）の市長選二九％、藤沢市（神奈川県）の市長選二九％、八幡市（京都府）の市長選二九％、八王子市（東京都）の市長選三一％、府中市（東京都）市長選三一％と軒並に投票率の低さが目立つ。

東京二三区の区長選挙も低く、目黒区長選三三％であった。

それでは県庁所在地の県・府の都はどうだろう。二〇二〇年の京都市長選も四〇％、二〇一九年の福井市長選は三七％、激戦を報じられた徳島市長選は三八％と低く、当選者は、投票率三八％中の五一％の得票の三六歳、女性新市長であった。

知事選を見ても、埼玉県知事選挙で大野元裕新知事が誕生した。投票率は、前回の二六％より上回ったとはいえ、三二％の低いものだった。激戦でなかったから低いということもないようだ。鹿児島県知事選は、四九％の投票率だった。塩田新知事が現職の三反園《みたぞの》訓を破り当選した。この選挙には三反園知事に前回破れた伊藤祐一郎も出馬し、七人の立候補者が鍔《つば》迫り合った激戦であったが、投票率は五〇％を切った。このような投票率で本当に民意の結果で信任されたといえるだろうか。

二〇一九年の統一選挙の四一道府県議選（三三道府県で過去最低投票率）の平均四四・〇八％、私の住む広島では、県議選三九・七％、広島市議選三六・五％だった。政令市六市長選平均五〇・八％、政令市議選四三・二％であった。「自民一強」の国政を支えているのは、名実ともに地方であることを忘れてはいけない。

投票率を重視すべきだというのは、二五％の投票率で八～九割の得票しても有権者の4分1以下の信任で当選したということになる。

「投票率10％アップを目指す運動」もあるが、二〇一七年の衆院選挙（小選挙区）投票率は五三・六％で、投票者数は全国で約五六九五万人、投票率を「10％」上げるには、投票者数を一千万人ほど上澄みする必要がある。それはまさに至難ともいえるが、民意を確保する最短の手法としてやるしかないことである。

外国の場合、投票率が高いのは棄権すると、処罰される国が多い。エジプトなどは棄権すると公共施設の奉仕活動をさせられたり、ギリシャなどは罰則規定を設けている。アジアでは、シンガポールなどは罰則規定を設け、正当な理由なくして棄権すると、次の選挙で投票権を得るのに五〇シンガポールドル（約四千円）支払わなければ、投票権を失う。シンガポールの投票率は、高く、常に九五％前後である。私見であるが、棄権する表現の権利もあっていいと思うものである。積極的に本人の意思で投票を促がす制度整備とわがごとと思い、願う認識と自覚が求められる。北欧のスウェーデンは投票率はすこぶる高い。八〇％を切ったことがない。あのイギリスだって六五％程度である。スウェーデンは、「投票カー」で行く先々で投票して貰う、動く投票所である。また郵便局員が手紙を配達する際、投票用紙を持って行く郵便投票が広く利用されている。事前投票も三割を超している。いろいろ工夫を重ね、久しく投票率を上げる知恵を絞った結果ともいえる。ともかく工夫に工夫を重ねて投票率を競う自治体が多い。「高福祉・高負担」のスウェーデンは、国政や税の使い道に関心が高い国である。日本と異なって、国政で予算審議の委員会と並び税金をいかに使った、適正に公金の処分があったかを調査、承認する決算委員会に議員も国民も熱い眼差しで見守っている。

選挙戦に出馬して、当選するための条件は、「三バン」が必要だといわれてきた。地盤（ジバン）、看板（カンバン）、鞄（カバン）の三バンのことである。選挙応援や選挙見学で、北は北海道から南は沖縄まで出向いて選挙を経験した。選挙に勝ち名乗りを挙げるには、「五バン」が必要でないかと提唱している。まず四バン目は、「オバン」のバンである。女性に人気のない候補は勝てない。女性の支持者が多い候補の選挙事務所は、活気もあり、明るいし結果も楽勝だ。事務所に一歩足を踏み入れたときの経験則だ。五番目のバンは、女性に人気、特に若いギャルに人気候補は、「評判（ヒョウバン）」をとり、当選の旨い乾杯酒が飲めるというのである。女性が選挙事務所に出入りが多い候補はまず心配不用だ。

女性に不人気の候補が勝ったのを知らない。言葉を変えれば、毎日選挙事務所に出入りする亭主族の家族票は当てに出来ない。女性が事務所に出入する家族票は、九割超の票が得票になるとの調査もある。

いま一つ体験則からいえることがある。選挙が始まり、「いざ鎌倉」となると、定数を超える立候補が多いと激戦になると思いがちだが、意外とそうでない。定員のオーバーが一人か二人の方が選挙戦は、厳しくなり、激戦化する傾向がある。落選者が一人か二人の少数になると、候補者本人も、家族・親族をはじめ支援者もその一人になるまいと必死に立向かうからである。万が一落選させたら、自分達の恥だととらえるからだ。

選挙は、どんな選挙でも難しい。他人の心をつかむ、人の手の内を知らなければならないので難しいのである。それが大きな選挙であろうと、町や村の小規模な選挙でも同じく難しい。有権者の数ではない。大きな選挙は、「御輿」に乗れば当選出来るが、小さな村・町の選挙は、一票、一票積み重ね「一本釣り」しなければならない。鰯網みで引くようにはいかない。また選挙という試験は、「〇点か一〇〇点」の試験を受けているようなものだ。一票足らないと〇点、一票多いと一〇〇点、すなわち当選ということだ。五〇点、七〇点でよい世界ではない。実際にかつて区議会選挙で4分の1票不足で落選した例がある。「渡辺」さんが二名立候補して投票に姓だけの「渡辺」ならば、得票率は按分されるから、一票以下の票数が出るのである。

二〇〇九年、宮城県栗原市議選（定数三〇）で大混乱が生じた。二〇〇五年四月、一〇市町村が合併して栗原市が誕生した。市全体が一つの選挙区になったため一堂に会することとなり、定数四五から三〇に削減された。佐藤姓が多い地域で、佐藤さんが11人、高橋さんが4人、佐々木さんと千葉さんが3人、阿部さんと菅原さんも各二人の四三人の争いとなった。有権者から「どの佐藤さんだっけ?」、「高橋さんはどこの?」と戸惑いの声が漏れれば、各陣営は「下の名前を覚えて」とアピール。市選管は大混乱した。

首長選挙で忘れてはならないのは、一票相手候補に投票されたら、一票でなく二票の差になることも理解しなければならない。また出直し選挙でも無投票再選ということもある。二〇一九年甲良町（滋賀県）の町長選で野瀬喜久男町長は、相次ぐ不祥事続きで、給与が七割減になっていたが、辞職」、打って出た出直し選挙で無投票再選された。不祥事というのは、二〇一七年に初当選したとき、町長選で農協から推薦されていないのに、葉書やビラに推薦団体として記載したとか、運動資金として借りた400万円を選挙収支報告書に記載していなかった。また甲良町では野瀬が町長就任前の一五年、町発行のプレミアム商品券を前町長が自ら上限を超え購入、一六年には当時の町税務課職員による公金横領事件が起きて、野瀬はこうした町政の「刷新」を訴えて町長に当選した。町議一二人のうち一一人が対立候補を擁立することに合意したが、候補者選びに難航し、結局出直選も無投票再選となり、珍しい選挙となった。候補者選びは難しい。

二〇〇六年高松市に編入合併した旧5町から新議員を選ぶ高松市議選で「最多得票で当選できず」と

いう珍しい結果がでた。旧庵治《あじ》町選挙を（定数一）で候補者六人が法定得票数（有効投票総数の4分の1以上）に達せず、選挙をやり直すことになった。議員選では、過去の一例しかない。七一年の大阪府議選挙で河内長野市選挙（定数一）にあるだけだ。選挙は一票、一票の積み重ねで、一票を疎かにするものは、一票に泣くということだ。

そして選挙に勝つには、一人でも多くの熱狂の支持者がいる。モーリス・デュベルジェ（仏の大政治学者）も、「選挙に勝つためには一人でも多くの気狂いをつくるかにある。まずあなたが熱狂者にならなければならない」と。ジャネーの法則のような体験則である。様々な経験則は、年齢を重ねると他の生活のなかにも結構多く見られる。

「議員定数」を減らせと、国政をはじめよく耳にする。持論であるが、これは有権者にとって決して利益にならないと確信する。有権者や住民の媒介者が多いほど民主政治の功績的役割を果すことができるからである。

ともかく選挙制度のあり方は、地政学的、歴史的かつ社会的諸条件と複雑に絡んでいるので、立体的、多角的に精査しなければならない。その他、国会改革、二院制のあり方、財政改革、そして地方分権と自治、またはNPO等をどのように育むか総合的、鳥瞰的に地方議会制度改革はじっくりと取り組むことが望まれる。魔物退治をするようなものだ。

この点を突けば、全てうまく改革、改善できる代物ではない。特効薬も即効薬、ワクチンもない厄介な取り組みとなろう。それでも地方が生き残るために避けて通れない仕事である。私は、長年温めてきたものがあるので、別の機会を持ちたい。

「小さな小さな種だって／君と一緒に育てれば／大きな　大きな花となる」（大越桂）。

「これほど豊かになって、これほどしあわせにならなかった国はめずらしい」（池内紀・独文学者）

「折々のことば（朝日新聞）。儲けることを最優先して「大切なもの」を失った。

三　「無投票」と多選

1　無投票当選と実態

無投票当選とは、選挙で立候補者が定員を超えないときなどに投票の必要なく省略して当選することをいう。投票に行かなくてもすむことであるから、一般的には喜ばしいことのように思える。しかし果してそうであろうか。近代国家になって国民主権が根幹である民主政治で誇れることは基本的人権の保障にある。その人権の中で重要なものが参政権、すなわち国民が国政や地方自治に直接、または間接に参与する権利である。選挙権、被選挙権、国民投票、国民審査などで投票する権利のことである。その中でも主権者である国民が選挙する権利が最も重要で身近な権利といえるものだ。「参政権は、人民の所有物にして宰相百僚の所有物に非ざるなり」（中江兆民）。

無投票は、選挙する権利を奪われ、行使できないことであるので、主権者にとって憂えるべきことである。二〇一九年の統一選の四一道府県議選で、総定数二二七七の二九・〇％に当たる六六一議席で無投票当選だ。全体の4分の1以上に当たる。無投票当選率が、過去最も多かったのは、前回二〇一五年の二一・九％でこれを更新した。

地方議員のなり手不足が深刻化している現れであるが、地域の住民が一票を投じる機会が失われる無投票の増加は、議会制民主主義や地方自治のあり方が問われる危機だといえる。四一道府県の選挙区数は九四五で、定数割れではないにしても、このうち約四〇％に当たる三八六で立候補者が定数を超えていない状況だった。道府県別で無投票当選率が最も高いのは、1位、島根県（五六％）、2位、広島県（四八％）、三位、岐阜県（四七％）、4位、富山県（四五％）、5位、熊本県（四二％）であった。最も低かったのは、鳥取県の八・六％だった。中国地方のその他の県は、山口県（二三％）、岡山県（二九％）だった。

無投票当選の政党別で見ると、自民党が四三〇人で突出している。立憲民主党は三〇人、国民民主党は二〇人で、無所属議員は一二〇人であった。「自民1強」のもと、立民や国民は伸びていない。

二〇一九年三月、朝日新聞を参考にすると、一六九五市区町村の一八四一議員選挙（一七政令市は選挙区単位で集計）では、I期からⅢ期にかけて一〇三二（五六％）で定数が減り、定数の削減総数は二六五三（八％）だった。I期（07〜10年）からⅡ期（11〜14年）にかけて七四〇で、Ⅱ期からⅢ期（15

〜18年）にかけて四五三で減少した。例えば大月市（山梨県）、二〇〇七年・一八の定数を、順次一五、一四と市議定数が減っているように続けて定数減をした議会も一五四にのぼった。

政令市を除く、一般の市を見ると、人口減と相関性があり、一〇年間の人口減少率が一〇％以上の市では八七％が定数を削減し、市区町村全体の五六％、一般市全体の七五％を上回っていた。また財政状況も定数削減に拍車をかけ、一人当たりの地方債務残高が一般市の平均（〇八年度で約四三万五千円）以上の市に多い。

定数割れは、Ⅰ期では上北山村（奈良県）だけだったが、Ⅱ期に入ると、九町村、Ⅲ期では一一町村に広がっている。長野県の生坂村（定数八）は、四回連続無投票で、前回一七年の選挙では、七人しか立候補せず、定数割れになった。足りない一議席の補欠選の再選挙も、立候補一人で無投票だった。人口約一八〇〇人、再選挙で当選したのは、七七歳の「女性会」会長で、「若い世代の女性をと考えたが間に合わなかった。次の選挙までに何とか候補者を確保したい」。止むなく苦渋の決断だったのであろう。

無投票は小さな町村で深刻だ。Ⅲ期の一般市議選の無投票は五％、人口五千人を超える六五一町村の議員選では一六％だったが、五千人以下の二六四町村の議員選では三六％（九六町村）に上っている。五千人以下の町村は、八九％が中山間地にあり、一〇年間の人口減少率が一五％に上る。特にこうした地域が多い北海道、長野県では、首長選・議員選ともに無投票となった市町村がⅠ期からⅢ期にかけて、それぞれ二〇から四二に、九から一三に増えていった。

首長選の新人候補者も、人口減少率が大きいほど減る傾向が見られる。Ⅰ期の二二九四人が、Ⅲ期には一八七八人（一八％減）になった。Ⅰ期は、民主の小沢一郎代表が自民との対決路線を採り、政権を奪った時期である。Ⅱ期は、民主党が政権を失った時期に当たる。知事選・政令市長選でⅠ期からⅢ期にかけて一九から四に、市区長選では一一三から四五と激減している。一方、自民の新人への推薦支持は、知事選・政令市長選で一三から一〇と減っていたが、市区長選では七六から一二七と増加した。ただし政権を失った民主系の減少が大きく、民主系と自民党を合算した推薦支持の数は減少している。

その影響もあり、首長選の無投票は、Ⅰ期五五八（三一％）から、Ⅲ期に六六二（三七％）になった。市区長選で一七一から二一一に、町村長選では三八七から四四八と増加した。首長選と議員選ともに無投票だった市町村も八七から一三四に増えた。上砂川町と新篠津村（ともに北海道）は、三期連続「ダブル無投票」だ。

首長選でも人口減少が大きい自治体ほど無投票が増加傾向にある。Ⅲ期に減少率一五％以上だった三五〇市町村のうち、過半数の一八〇市町村長選（五一％）が無投票になった。

当選者と次点の得票率が三〇ポイント以上開いた「大差」の選挙も二二％増えた。大差の知事選は、五七％から七五％に、一般市長選では二三％から三一％増加している。逆に差が一〇ポイント以内の「接戦」は二二減った。接戦の知事選は一七％から七％に、一般市長選は、三六％から三〇％に減少している。一般市長選で「大差」がついた場合の平均投票率は、「接戦」の場合より一〇ポイント以上低かった。

2　無投票の弊害

新人の候補が減り、無投票と「大差」の選挙が増え、投票率も下がる。そんな「負の連鎖」が起きている。無投票になると、選挙公報が発行されず、有権者は候補者のことや住んでいるまちのことも疎くなる。選挙で首長や議員を選ぶこともできず、政治離れが加速するなど弊害ははかり知れない。

なり手不足は様々な要因があろう。地方の産業が衰退し、若者や地元の名士が減った。自治体の財政環境も悪化し、地方議員の報酬も抑制された。地方自治法改正で、各議会が条例で議員定数を定められるようになると、定数を減らす自治体がどんどん増加した。「地盤・看板・鞄」に依存した従来型の選挙を続けられる人も少なくなった。地方分権改革で首長の権限が強くなったことも見逃せない。また公共事業改革で工事の発注権限が地方へ移り、地方議員が国会議員と築いた「中央とのパイプ」の力が弱まった。首長との距離が議員選挙に強く影響するようになり、オール与党化が進んで対立候補が出にくくなったという要因などをあげ、無投票はいろんな面で有権者にとって弊害であると指摘されている(河村和徳・東北大学准教授、政治学)。他に無投票が増える背景には、職業としての県議の魅力の低下や、国政野党の弱体化による「なり手」不足などがある。選挙戦を通じて、候補者は地域の課題をより深く考え、住民は行政をチェックできる。無投票が増えれば、議会や行政は、緊張感を失い、自治体の衰退に拍車がかかるという声もある（林紀行・環太平洋大学准教授）。

人材を確保するためには、有権者および住民に選択肢を増やすことも必要である。「多数参画型」と少数の専業的議員で構成する「集中専門型」の二つのタイプが考えられ、人材確保のため、議員の関係企業からの立候補を認めたり、他の自治体の職員だったら兼職を認めるなどもっと議論を尽くして工夫を重ねていかなければならない。民主主義の最良の学校である地方政治は、住民にとって最も身近な政府である。地方政治が未曽有の流れで細っていくのは、民主政治の危機である。地方政治が衰退することは、国政も同じく下降線を辿ることとなろう。

3　多選と問題点

多選とは、選挙で同じ人が何回も続けて当選することをいう。多選で問題になるのは、どんなことであろうか。権力が集中する首長選挙の際、問われることが多い。権力に内在する不都合性や腐敗性が指摘される。「権力は腐敗する。絶対権力は絶対腐敗する」というアクトン卿（英男爵、自由党下院議員、後にケンブリッジ大学近代史教授、〜一九〇二年没）の言葉が余りにも有名だ。

権力の特性は、まず第1に、拡大強化の特性がある。世界三大英雄の一人、G・J・カエサルは、平民派として政界に進出して、ポンペイウスやクラッススと共に三頭政治を行い、古代ローマの共和制を築いた。ガリアに遠征して反乱を鎮め、クラックスの死後、ポンペイウスをエジプトに追放し、前四六年終身の独裁官となった。ユリウス暦を採用し、カルタゴやコリントスに植民地を建設、貧民に土地を与えるなどの善政を行ったが、次第に独裁的な勢いを強めていったため、共和制の伝統を破るようになったので、ブルートゥスやカッシウス等に暗殺された歴史上の大英雄である。独裁的な野心を拡大していった。カエサルが暗殺されるとき、自分を殺そうとする一味の中に信頼していた、まさかのブルートゥスがいるのを見つけて発したとされる言葉に「ブルートゥスよ、お前もか」という歴史的な言葉が余りにも有名で一人歩きしているが、ブルートゥスは、「カエサルを敬愛する。それ以上にローマ市民を愛す」といった言葉は、出てこない。初めはローマの共和国制や後世に残る善政を行ったカエサルを尊敬し、従がったが、共和制の伝統を破り終身総統に就いたカエサルに反旗をひるがえしたのである。

2番目に、永続的志向が特徴として挙げられる。メキシコのディアス大統領（一九一五年没）は、再選反対で出馬したが、独裁者として計三五年在任した。ポール・ケネディの「大国の興亡」にあるように繁栄し続けた国家も権力も存しないことの証である。ひと度、権力の座に就くと永続志向に転換するのが権力であることを忘れてはいけない。

3番目の特質は、権力者は常に自分の立場を正当化する。そして正義を主張する。「偽」という漢字を分析すれば、「人の為」と書く。正義や人の為というのは、嘘、偽ということである。

特に権力者の特性として、1、能力より「忠誠」を重じ、2、能力よりも「管理」を重視する。出世するには、「努力・勤勉・基礎知識」といわれてきたが、日本のような政治風土では、「義理と人情とお歳暮（お中元）」という俗言も無視できない。日本の閣僚を見ても適材適所でなく、「お友達」の内閣だと揶揄されている。

多選が怖いのは、その権力にのぼり上がった権力者に、蟻が砂糖に集まる如く、権力はその当事者自身も、利用したい者にとっても魅力のある代物である。権力欲は、人間が持っている自然の欲望だと理解すべきだ。

多選が問題となるのは、特に知事や首長選挙だ。二〇〇七年に自民党が法改正の動きを見せた多選禁止がある。当時の松沢成文神奈川県知事は、「法律で一律に制限するのは中央集権の発想」だとして、「各自治体の条例に委ねるように提案」している。それに対し、「有権者の選択の幅を制限することになる」（二井開成山口県知事）、「法律で禁止するというなら謙虚に受け止めるべきだ」（野呂昭彦三重県知事）などの意見が出て。賛否が分かれた。当時の知事会長麻生渡（福岡県知事）は、多党相乗りの構図が一二年ぶりに崩れ、四選を目指す現職と新人二人がしのぎを削る選挙だった。多選批判に現職麻生知事は危機感を持ち、その選挙は多選の是非が争点だった。

大きな権限と利権を持っている知事や政令市長、また中核都市の市長は三期一二年で公約が果せないのなら、多選は好ましいことでなく、弊害が大きいといえる。一般の市町村長選は、無投票当選でなければ、有権者の判断に委ねてよいのではないかとの新聞論調だった。

地方政界には、「ドン」と呼ばれるボス議員がいる。とりわけ自民党には、国会議員をしのぐ影響力を持つようになった地方議員も少なくない。都道府県の会長を五年以上、または幹事長を一〇年以上務めた自民党の都道府県会議員がいる。

二〇一九年三月現在、山口武市（当選一五回、会長二二年、茨城県、九三歳で亡くなるまで会長）、浅野俊雄（当選一三回、島根県、「竹下王国」を支える）、猫田孝（当選一二回、岐阜県、幹事長一二年）、山口亨（当選一一回、鳥取県、会長八年）、星野伊佐夫（当選一一回、新潟県、会長七年）、山本秀久（当選一〇回、熊本県、会長一〇年）、石田冶一郎（当選九回、長野県、幹事長一一年、故人）、天野学（当選八回、岡山県、幹事長一一年）、米原蕃（当選八回、富山県、県経済界のトップ）、内田茂（当選七回、東京都、幹事長一一年、「都議会のドン」、小池知事に知事選で批判され、翌一七年引退）、竹内英明（当選六回、神奈川県、幹事長一一年）。会長は、国会議員が就任する都府県は、幹事長が実質上自民党を取りし切り、顔役となるところも多い。

東京都の知事は、週に三日ほどしか登庁しない石原慎太郎知事に代わり権力を握っていた浜渦武生副知事の例もある。当選回数は、都合七回であったが、内田茂のように自民党都連幹事長に就任し、一一年近く努めた。都議会の議事録に〇六年から一三年まで発言した記録がないが、内田は議会や都行政に熟知していた。その内田の無言の圧力を感じていた国会議員や知事もいた。予算についても、知事は内田に毎年数十億円の特別枠を容認していた。内田都政と皮肉られていわれたこともある。知事選で「〝都議会のドン〟の支配を払拭し、都民のための都政を取り戻す」をスローガンに訴えた小池百合子が、内田らが擁立した自民党候補に圧勝した。

私が町長在職中にも、香川県や広島県に、絶大な権力を掌握していた県の大ボスがいた。広島県議長の桧山袖四郎は、「桧山県政」ともいわれ、全国議長会長も二期務めた。全国組織・土木協会、観光協会等々の副会長をはじめ、二〇近くの要職に就いていた。これほどの有力な県議を他に知らない。子息・俊宏も全国議長会長に就き、親子二代、有力地方議員だ。父桧山は伝説的逸話が多く残っている。毎日桧山邸には、陳情者が門前、市をなすが如き船越（現広島市安芸区）に押し掛けた。まさに田中の目白邸の広島版だ。その陳情に「直ちに対処」した。ただ桧山は国政に出ることは全く考えていなかったのも伝説的謎だ。ともかく県職員を手足のように動かした。「県職員も、国の役人も金じゃあ動かん。人を動かすのは人事だ。特に本省から天下った部長クラスに目を向けた」。全国議会長のとき、視察帰国した際、「桧山はワンマン・独裁者と批難するが、世界から観光客を集めているところは全て独裁者が遺したものだ」。「歴史は英雄がつくる」（林健太郎、東京大学総長、歴史学）の言葉に通じる。物を見る眼が卓越した人物だった。

町村長にも目を見張る実力者がいた。熊本県の嘉島町長荒木泰臣だ。全国町村会長、自民党熊本県連会長を長期にわたり務めた。熊本県は保守王国で自民党国会議員には全国的に名を馳せた園田直、松野頼三、坂田道太等々のそうそうたる大物政治家のいた熊本で長期に君臨した。熊本市外の人口七千余りの小さな嘉島町長の荒木はオーラさえ窺えた。

「地方のドン」になる条件として、1に当選回数を重ねる。2、選挙に強い。3、議会や行政の実務に詳しい。4、ライバルの地方議員がいない。5、本人がバランス感覚に長けている。以上五つの持ち主が挙げられる（石原都政で副知事、青木佾《やすし》、明治大学名誉教授・公共政策）。

地方の大ボスは、その要因の一つに、「小選挙区で当選する国会議員が小粒化し、劣化している。地方のボス型議員は今後増える可能性がある」と分析される。その上で、役所の人事に影響力を持てば、職員が忖度し、脅える存在になる。建設業等一部の業界と結びつく人、献金する役職の企業と結びつく人が多い点も問題だ。多選による経験は主要だが、本人の引き際が肝心だと指摘する声もある。

四　「世襲」と政治の現状

1　世襲の実態

後継者不足で、家業が途切れることに途方に暮れている身近な人を多く見てきた。かつて子は親に似るもので、結局親の進んだ道を歩むという、「蛙の子は蛙」という言葉とはほど遠い深刻な状態だ。ともかく子が家業を継いでくれない。また逆に継がせたくないと思っている人がいかに多いか、びっくりする現状だ。

落語の世界によく出てくる「二代目」とか、「二世」とは少々異なるようだ。落語の二代目は、「若社長」というと新進気鋭のやる気満々の後継社長を想像する。「若旦那」となると逆で、放蕩、気ままで仕事に熱の入らないぐうたら後継ぎである。財界・文学界・芸能界・スポーツ界などでも二代目とか、二世、三世の言葉はよく出てくる。しかし政界になると、他の世界と違うという顕著な実態と「公人」として見られる。日本ほどではないが、外国人でも「政治家族」とか、「政治家一族」などの問題は一部の国では存在する模様だ。子は親の背をみて育つ。家業を引き継ぐのは、全然悪いことではない。ところが政治家の世襲が釈然としないのはなぜだろう。どんな場合は納得できるのか。ただいえることは、国会議員をはじめ政治家は家業ではない。親の七光でどうにかなる仕事ではないが、それでも当然の条件はパスでき、世襲はそれを引き継ぐ必要十分条件を兼ね備えている。なぜかというと、選挙で当選するには、「地盤」である後援会組織、「看板」である知名度、「鞄」の資金が大いに役立つ三条件をクリアできるからである。これらを息子や娘、娘婿などの身内がそっくり継げるのが「世襲」である。これらは身内が継ぐ方がスムーズで最も威力を発揮する。世襲候補は、地盤や看板、かばんの資金を労せずして手に入るため、一からスタートを余儀無くされる新人候補とは全く違う。「駆け込み」で出馬しても当選するケースが毎回のように見られる。そして世襲候補が当選する可能性は非常に高い。一般的に世襲新人候補も多いときで、一五〇人中一五人程度で一割程度で多いとはいえないが、衆院議員の多いときは4人に1人が世襲議員であった。世襲議員が多いのは自民党である。候補者全体では、三～五割の当選結果であるが、世襲議員は、七～八割の当選率で高い。議員になっても、政策勉強や内閣の仕事も、地方では行政の面に雑巾掛けの下積みの仕事でもじっくり取り組める。また世襲の理由は、候補者自身だけでなく、後援会や支援者側の既得権的性格もある。日本政治の特質ともいえる「口利き」などの便宜性も無視できない。なぜ日本の政治文化産物やかつて中選挙区制度の際、党より派閥や個人後援会が次第に自律性を増し、強化された。候補者を選ぶのにイギリスは政党が、特に地方の政党組織が候補希望者を公募し、面接して演説や政策通かどうか総合的、鳥瞰的に調査、参考して選出する。地方の党の自立と自律が優先するイギリスの制度とは異なっていると指摘される。

2　世襲の問題点

そもそも世襲の何が問題なのか。それは、政治に強い思い入れと志があり、努力すれば誰もが政治家になれるという開放度が、日本では制限されてきた。日本のデモクラシーを弱くしている諸条件の一つとして打開しなければならない。

世襲の定義は、なかなか難しいが、政治家の子供でも親の選挙区以外から出て、一から努力すれば一般的に世襲とはいわない。それでも知名度からすると、尚有利である。資金面でも、選挙のノウハウは引き継いでいる。世襲議員候補は、四二・一九五キロのマラソンを35キロ地点からスタートするようなものだ。

かつて鳩山邦夫は、父威一郎（外務大臣、外務次官経験から出馬し、当選一回で大蔵大臣と並ぶ外務大臣）から「政治家は悪人だから継がせたくない」と次男の邦夫に政治家になるのを容認しなかった。しかし邦夫は、時の実力者・田中角栄の目白に出向き、門をたたいた。その時、田中は、即座に「鳩山家なんだから、政治をやるのは当然」と快諾し、秘書にした。鳩山の家系は誰もが知る四代であった。父威一郎（外務大臣）、祖父一郎（首相）、曽祖父和夫（衆院議長、早稲田大学総長）であったのは周知の通りである。また兄由起夫は、東京大学で物理学の研究者で、邦夫からノーベル賞を貰える学者になれないのなら、早々に諦めたらどうかと進言され、弟邦夫に遅れること一〇年だったが、政治家になり首相になったのはご存知の通りである。

3　外国の世襲の事情

欧米の主要国では、日本と選挙制度が違うこともあり、一部の国を除いて世襲議員は多くない。かつてアメリカのケネディ兄弟、ブッシュ一族など政治一家として知られているが、アメリカ連邦議会は、議会や議員名簿の調査によると、上院１００人中5人、下院４３５人中23人で5％程度にとどまり、日本と比較して極端に低い。親の引退時に同じ選挙区を引き継いで、当選したケースに限ると、上院１人、下院10人とさらに少ない。ダートマス大学、リンダ・ファウラー教授（政治学）は、「アメリカでは、政治家が支持者に物質的利益を与えるための財源は少ない」と述べている。後援会システムを容易に子供に引き継げる日本とは事情が違うと分析する。ところが、「世襲議員は、知名度があり、資金集めに大きな利点がある」のは、日本と変わらない。選挙資金集めが日本以上に重要なこともあり、知事などを含めた「政治家一家」は少なくない模様である。最近の新聞紙上で、ケネディ一族でマサチューセッツ州の上院予備選で初めて敗れたと報じられている。ケネディ元大統領の弟であるロバート・ケネディ元司法長官の孫、ジョセフ・ケネディ3世（三九歳）が下院議員4期を努め、若手のホープとして期待されてきた。急進左派の人気議員の支援を受けた現職のエドワード・マーキー（七四歳）に敗れ、ケネディ一族が地元で初黒星となった。下院から上院議員の転身とはならなかった。

ロバート・ケネディ司法長官が来日して、早稲田の大隈講堂で講演された際の記憶が鮮明にある。歓迎派と反対派が怒号の渦の中にあり、一触即発の対峙であった。その時、一学生が壇上にあがり、〝都の西北〟を歌って危機が治まった。後から知ったことであるが、ロバート司法長官は、その時着けていたタイピンをその学生にそっと渡したと仄聞した。顔はいまでも覚えているが、名前は知らずじまいだ。その時、ロバート司法長官が早稲田に残した奨学金を大学院で受ける栄誉に浴したが、終生忘れ得ない自慢話を付け加えたい。

イギリスの閣僚は二三人のうち、「政治家系」として認知されているのは、ヒラリー・ベン環境相ぐらいだ。政党組織がしっかり独自色を有し、候補希望者を選定する。地方出身でない「落下傘候補」が一般的なことも背景にある。上院も世襲議員が一九九九年の大改革で750人から92人に削減された。

小選挙区と二大政党制の国、イギリスの英雄、サー・ウィストン・チャーチルでさえ、選挙区で出馬するのは苦労した様子である。生涯二一回選挙に臨み、一六勝五敗で、落選するたびに、当選できる選挙区を探して国中を転々とした。親の地盤を引き継ぐ日本の政治家とは一寸違う。二つの大戦を勝ち抜いたが、「戦勝宰相」として臨んだ選挙区は惨敗し、政権を失った。戦争に明け暮れ、選挙に追われる人生だった。楽しみは油絵と戦史の執筆、そして葉巻であった。最初の選挙は、一二九三票の差で負けた。自分が生まれたところでもなく、下院議員だった父親の選挙区でもない。マンチェスター近郊のオーダム選挙区で現職がたまたま急死したため、軍人をやめて、急きょ補選に出馬した。二四歳だった。だからチャーチルは選挙が嫌いだったようだ。チャーチルは初当選すぐに関税をめぐる問題で自分が所属する保守党と対立し、野党の自由党に移った。のちにまた保守党に戻ることになる。日本の国会のように扇状の議場では、離党も復党も目立ずにすむが、イギリスの議場では、与野党が通路を隔てて向き合う。二度も通路を横切ったチャーチルは極めて異例の存在だった。

政党が変わったため、新しい選挙区を探さなければならなくなった。近くにあるマンチェスター北西選挙区から出馬した。最初は当選したが、すぐに次の選挙で落選した。勝てる選挙区はどこにあるのか。当時スコットランドのダンデー選挙区は港湾労働者の町で、自由党の地盤だった。今度はダンデーから出ることにした。日本でいえば、田園調布で生まれたのに、大阪から出馬して二勝二敗である。次に北海道に転じて五回当選したが、再び落選した。首都圏をうろうろして千代田区から出てみたものの連敗した。結局埼玉で落ち着くが、自宅はずっと湘南の高級住宅地ということだった。ダンデーは、ロンドンから遠く日本でいう「都落ち」である。チャーチルは、まさに「落下傘候補」だったのである。そしてチャーチルは不人気な「イングランド貴族」にもかかわらずダンデーで当選を重ねて内相や海相を歴任した。第一次、二次の大戦で、多くのスコットランド人が犠牲になった。海相だったチャーチルに、有権者の怒りが爆発した結果、落選した。ダンデーに拒絶されたチャーチルは〝イングランド〟に戻ったのである。議会のあるロンドン・ウェストミンスターなど二つの選挙区に連続出馬したが、連敗した。

そして三連敗の間、戦史の執筆と研究で、「世界の危機」、後の「第二次世界大戦回顧録」の大著の功績でノーベル文学賞を受賞したのは周知の通りである。チャーチルが「大英帝国の顔」であることは、誰もが認めている。ルーズベルトやヒトラー、東条英機などとは違って選挙には苦労し、苦手だった。選挙について「選挙はよい制度ではない。他に方法を見出していない」から仕方ないのだと吐露している。ロンドンから余り遠くないエッピング選挙区から九回連続当選を果たし、晩年は万万歳であったといえる。しかしあの大宰相のチャーチルでさえ、選挙は常に頭から離れることなく弱かった。

世襲が日本と似ているのはイタリアだ。政党の離合集散がはげしく、地方の名家が代々の政治家を出す例は珍しくない。例えば二〇〇八年の総選挙では、フランチェスコ・コシガ元大統領の甥であるジュゼッペ・コシガ下院議員（右派フォルツァ・イタリア所属）のほか、元閣僚、元下院議員の子息が多数当選した流れがある。

ギリシャでは、パンドレウ党首（首相、父首相、全ギリシャ社会主義運動・中道左派）と、カラマンリス（元首相、中道右派、第二次大戦後ギリシャ政界に君臨した首相の甥）の二大政党が対峙した。「王朝同志」の争いと呼ばれた。しかし民主政治が成熟期を迎えた欧州諸国では、世襲は極めて珍しいといえる。ギリシャの国民は、政治に不満を持っている。だけど「小政党の政策は信用できない」とギリシャの記者はいっている。

アジアでは、韓国で朴正熙元大統領の長女で朴槿恵が大統領になった例や、「現代グループ」の創業者・鄭周永の六男鄭夢準が与党ハンナラ党の最高委員となり、二世政治家と知られているが、数は多くない。現職の国会議員（一院制、三〇〇人）で、親の選挙区をそのまま引き継いで当選した議員は、確認できるだけで二人しかいない（元文化観光部次長尹迥奎、政研七三）。韓国の主要政党は、公認候補を選出する際、各選挙区の党員等が選挙を行う。このためよほど親の影響力が強くない限り、二世の当選は難しいことが理由とみられる。韓国は、日本が失敗したり、うまく機能していないことは絶対追随しない国である。

また世襲の指導者をみると、概ね全体主義国家、独裁国家が多い。まず第1に挙げられるのは、北朝鮮の金一家である。金日成、正日そして現在の正雲に継承されたのは余りにも有名である。中国は世襲ではないが、習近平主席は、父が副首相という政府の党の要人の子、「太子党」出身である。首相の李克強は、叩き上げの「共青団」出身で政府のトップに上った。

中国では、古代伝説上の聖王尭は、優秀の息子がいたが、より優れた舜に王位を禅譲した。舜聖王は、家臣の禹に禅譲したという伝説的美談がある。

かつてルーマニアのチャウチェスクは息子のニクを後継者に、エジプトのムバラクは次男のガマルに、イラクのフセイン大統領も二人の息子クサイとウダイに、リビアのカダフィは七男のセィフルか、三男のサーデに絶大な権力の後継者に仕立てあげる魂胆だった。しかし独裁者達は処刑されたり、「アラブの春」で追放の憂き目に会い実現はかなわなかった。

日本はどうか。とりわけ財政や産業基盤の弱い地域では有力な議員を育て、地元に利益還元することを期待した。世襲議員の増加は、有権者が率先して彼等を選んできた結果ともいえる。地元が世襲政治家を育て、長期に支えることのメリットが小さくなっている。その原因の一つは、公共事業が半分以下に落ち込んでいるし、世襲は減少の傾向にある。現職国会議員で二、三回当選は5人に1人、中堅（4～6回当選）は3人に1人、ベテラン（7～9回当選）は2人に1人、10回以上当選の古参組み国会議員になると、なんと5人に4人まで世襲である。

「ポスト安倍」は世襲固定と思ったら、全く世襲に縁のない菅義偉官房長官が自民党総裁に選ばれ、自民党総裁は、即内閣総理大臣に就任した。菅首相は、周知の通り秋田のイチゴ農家の出身で、高校を卒業し東京に憧れて集団就職で上京した。実家は裕福のほうで、法政大学を卒業した。国会議員秘書を務めた後、三八歳で横浜市議に当選。地縁も地盤もない中で徹底的にドブ板選挙を繰り広げ、当選した。中央のパイプもあり周囲からも一目置かれ、当時の横浜市長から相談を受けるようになった。「陰の市長」とも呼ばれたという。四七歳で国会議員に初当選。平成研究会、宏池会など派閥を渡り歩き、宏池会では加藤紘一幹事長の「加藤の乱」に加担するなど政局にも係わってきた。温和な人格に好感を持つ人が多い一方、強権的な側面もある。菅の初入閣は総務大臣であるが、総務大臣時代に提唱した肝いりの「ふるさと納税制度」をめぐり、官僚と対立した。「高所得者が優遇される」など制度の問題点を直接指摘した総務省の手嶋彰英自治税務局長（当時）は、翌年自治大学校長へ異動させられた。事務次官候補だったにもかかわらず、異例の左遷だった。また渦中の問題であるが、独立の立場で政策を提言する科学者の代表機関「日本学術会議」に対し、政権の人事介入が明らかになった。学術会議が新会員として推薦した候補者一〇五人中、六人の任命を菅首相が見送った。推薦された候補者が任命されなかった前例はないのである。国民はこの手法に違和感を拭えないだろう。六人の中には、かつて安全保障関連法制や「共謀罪」を創設した組織犯罪処罰法などに反対し、安倍政権の政策に異を唱えてきた学者達である。憲法が保障する二三条の「学問の自由」を侵害する暴挙といわざるを得ない。今後の成行きを注視して行きたい。教育や学問には、金は出しても口は出さないのが、日本の将来のためにも適う条理である。ところで菅首相は、叩き上げで、世襲でない首相は久方振りである。

「ポスト安倍」に名が上がった小泉進次郎は、四代目（父純一郎・首相、祖父純也・防衛庁長官、曽祖父又次郎・逓信大臣）。初代の曽祖父又次郎は、「入墨の又」といわれたが、人望は厚かったと横須賀の旧い人達から聞いた。ただし地方の旧家名士が多かった特定郵便局長は、歴代小泉支持が殆んどいなかったし、小泉首相の郵政民営化は、父や祖父の怨念をはらしたものだといううがった声もある。当時は墨を入れた国会議員は少なくなかった。広島県でも二人いたと聞く。

三代目は、岸田文雄（父文武・祖父正記共に衆院議員、母の長兄宮沢喜一・首相）等。河野太郎（父洋平・衆院議長、祖父一郎・建設大臣等〝派閥の領袖〟、祖父の弟・謙三、参院議長）。

二代目は石破茂（父二朗、参院議員、鳥取県知事）。加藤勝信（義父六月・衆院議員、自民党の実力者）。世襲でないのは、茂木敏充外相と菅義偉の二人である。多選を重ねると、圧倒的に世襲議員が多くなっている。

これをもって自民党の国会議員は、非世襲もいる多種多様な政党と見るのは早計だ。菅が本格的に総裁候補として扱われたのは今回が初めてである。「世襲」組みは、若手および中堅時代から候補扱いされ、石破は出馬している。当選時の年齢が若い世襲議員は、総裁レースへの出場権も若くして手にし易いのだ。相当の年齢で総裁になったのは、福田康夫ぐらいだ。康夫は、実弟横手征夫が、父福田赳夫の評判秘書だったが、病死した。石油会社のエリート社員だった康夫が急きょ父赳夫の秘書に就いた。森喜朗（父・祖父町長）の二〇〇〇年以来、途絶えている事実は、「世襲総裁」の固定化を見せつけている。決して「世襲が悪、非世襲が善」ではない。野田聖子のような政界入りが、祖父（卯一・建設相）

の引退から八年後で、まず県議、国政挑戦では落選という苦労人パターンもある。しかし一般の女性やマイノリティーの人達からすれば、尚それ以前の大きな壁が存する。

しかし似た環境に育った世襲議員が国の舵取りを続けることで、見過す問題や民意が出てくるのは避けられない。自民党の総裁は、事実上の首相という実態自体問題なのだが、であるが故に、総裁選の結果で未来を踏まえ置くべきだろう（柿崎明二、共同通信社）。

二〇〇九年の総選挙の際、菅義偉は党の選挙対策副委員長に就いていたとき、世襲制限を説いている。世襲制限などを話し合う議員連盟を立ち上げ、総選挙公約に揚げることを目指した。当時民主党がマニュフェストに盛り込んで世襲制限を公約に揚げたのも理由の一つであるが、自民党の支持率がなかなか上がらないのは、国民の信頼が失われつつあったからだ。特定の人や団体のための党になり、国民の目線からずれ始めているとし、自民党の体質を改善させるには、身を削る覚悟が必要だ。その一つが世襲の問題で、自浄作用を働かせたいと説いていた。失言で国土交通相を辞任し、次期衆院選への不出馬を表明した自民党の中山成彬の宮崎一区の後継に、元参院議員の上杉光弘の擁立が決まったのもあるが、宮崎県連は初めて、候補選出に公募制を採用し、評価を得た。「現職議員にも緊張感を持ってもらうためだ」とあるが、公募制がイギリスのような完全な制度内容でなかった。選考委の3分の2以上が現職を支持すれば公募はしない仕組みも設けた。選ばれた上杉は、自治相を務めたベテランで、委員の間でも「将来有望な新人を選ぶべきだ」という声はあったが、即戦力として評価されたと聞く。新たな人材の発掘にはつながらなかったが、選出の過程に透明性を持たせようとする試みは高く評価してよいのではないか。

小泉純一郎元首相が地元横須賀市で引退を正式表明し、次男の進次郎を後継者として紹介したとき、「又次郎（逓信相）が初当選してちょうど100年になる。3代目の私が100年目に引退し、4代目の進次郎が当選する。親バカぶりをご容赦いただき、ご厚情をたまわりたい」と挨拶をした。まぎれもない世襲議員だ。ただ人材供給源としては、世襲の比は小さくなりつつある。当時、世襲の新人候補は二〇〇〇年では35人、〇三年33人、〇五年27人だったし、次期衆院選は、進次郎等15人だった。ただ、〇五年の郵政選挙で、公募などで選んだ「刺客」を次々に擁立して圧勝した小泉が自らの後継を公募せず、世襲で決めたことに失望感が広がった。小泉が当選した〇一年の自民党総裁選で掲げた公約は、「親バカ」の一言で公約をないがしろにしたのは納得できなかった人も多かろう。

菅首相も、世襲制限を熱心に訴えてきたが、二〇〇六、七年の総務大臣時代に息子がプラプラしていたと大臣秘書官に任命している。菅自民党総裁、総理大臣になれば、公募制を採用し、世襲問題に踏み込むことを期待したいが、望み薄いようだ。政治の透明化が便宜的に使用されることのないように望みたい。

私ごとであるが、かつて町長時代に世襲代議士や世襲議員に疎まれ、大きな壁と圧力を身を持って経験してきた。三〇歳で全国最年少町長に当選し、広島県町村会長（74町村）に就任した。世襲議員や国政を目指す者にとって目障りの存在だったのであろう。選挙のたびごとに障壁になった覚えがある。

4　世襲制限の対応

世襲制限の対応を単純に「世襲は悪、非世襲は善」と分別するのではなく、透明化を高め国民に関心をこれまで以上持って貰い、議論を深めることを求めたい。

例えば、公務員や地方議員にも現職のまま、立候補を認める制度も検討に値いしないだろうか。開かれた選挙制度を実現するためには、何年かかろうとも国民に浸透する議論が必要である。特に世襲を「既得権益」のような考慮は再考を要する。多くの人が知恵を出し、工夫を重ねれば、少なくともいまより素晴しい選挙制度が出来、選挙が国民のものとなると確信する。

狂言師・野村万作の長男萬斎は、「世襲でも善し悪しがあるんですよ。芸の世界では、幼少のころから「本物」を間近で体感して指導を受けることで、才能もまた〝遺伝〟します」。要は受け継ぐ者が本物になれば、その世襲は正しかったということになろう。

他に落語家の林家正蔵は、一五歳で父三平に弟子入り、「芸は一代」だと教えられた。芸は継げませんから、芸を見る基準が常に父三平だから苦しんだ。祖父の七代目正蔵を知る人も多く、林屋こぶ平で始めた。苦労の連続だったし、その壁が大きかったから、ここまでなれたと述懐している。

ボクシングの人気映画に、スタローン主演「ロッキー」シリーズがある。ロッキーは叩き上げのボクサーで努力を重ね、世界チャンピオンになる。「ロッキー」シリーズに続き、「クリード」が大評判だった。クリードの父アポロは世界チャンピオンでロッキーの元ライバルの名ボクサー、ロッキーに指導されて世界チャンピオンになったアドニス。そんな彼に、リングで父の生命を奪ったドラゴンの息子であるヴィクターが挑戦してくる。ロッキーがトレーナーとして恩返しを果す映画シリーズである。スポーツやアーティストの世界は努力することによって天性の閃きや天分が開化している。

他人が渦巻く怨念や受け継いだ理不尽なことを努力して打破する人情話は誰もが好きだ。〈世襲に相続の重税を課せ〉。〈貧乏の世襲も何とかして欲しい〉（山口市・福谷恒男）。〈世襲でない盤上の好勝負〉（小平市・風間禎之助）。藤井聡太の王位、棋聖の最年少二冠快挙に万歳。「父は巨万の富を積み／我は巨万の富を消す」と長唄にある二代目紀乃国屋文衛門、「富」を「名声」に置き変えて見ると面白い。昔は、政治を志すと井戸と塀しか残らないと「井戸塀代議士」といったが、今では「逆井戸塀」だ。

五　住んでよかったといえる「まち」

1　「老後はどんなまちに住んだら　いいの」

住んでよかったといえるまちは、本当にあるのだろうかと思っている人も多かろう。日本では、どこに住んでも同じで「住めば都」だろうと思っているのではないか。さに非ず、高齢者が住み易いまち、現役世代が住み易いまち、子育て世代が住み易いまち、地価が適当で住み易いまちなどいろいろあるようだ。

まず第1に、高齢者にとって住み易いまちとは?。それは、医療や福祉が充実している、年齢を経ても働ける環境が整っている、高齢者が外出し易い環境がある、地域のコミュニティが維持されているなどの特徴、そのフィードバックが行き届いているまちであろう。高齢化に拍車がかかる中で、自治体にとってますます大きな課題となっている。今後、高齢化率がさらに高まれば、財政負担の増加や税収の減少などで自治体の財政悪化が進み、福祉サービスや施設・インフラ整備などに影響が出るのは必須である。またコロナ禍で大都市は財政的に行き詰まり、それに自然災害が追い討ちをかけ、住民は二重苦、三重苦を余儀なくされるだろう。それでも高齢者が住み易い、特徴のあるまちはある。

(1) 男女別平均寿命(二〇一九年)、女性が八七・四五歳、男性が八一・四一歳で過去最高を更新した。女性は、沖縄、熊本、島根の各県が長寿県で、男性は、長野、滋賀、神奈川、福井が長寿県である。

高齢者の住み易さの指数というのがある。男女別平均寿命、六五歳以上の就業率および人口千人当たりの病院・診療所数・医師数・介護老人福祉施設数をもとに偏差値を算出したものである。1位は、島根県(六三・九)、2位、長野県(五八・七)、3位、京都府(五七・八)、島根、岡山、福井、熊本、東京、広島、徳島、石川県と続く。

(2)　六五歳以上人口が多いのは総人口の多い都道府県だが、高齢化の進行により都市・地方を問わず高齢者の数は増え続けているが、高齢者にとって好都合の側面が多い。

(3)　病院診療所数、人口千人当り上位都道府県は次の通りである。1位、和歌山県（一・一五）、2位、徳島県（一・一三）、3位、島根県（一・一二）、長崎、京都、東京、広島、大阪、鹿児島、鳥取県の順位である。

(4)　六五歳以上の就業比率が1位、長野県で、低いのは一五・二％の沖縄県である。1位、長野県（二六・七％）、2位、山梨県（二四・九％）、3位、東京都（二三・九％）、愛知、鳥取、静岡、京都、島根、埼玉、福井の順である。

(5)　介護老人福祉施設数、人口千人当り、1位、島根県（〇・一〇七）、秋田県（〇・〇八七）、鹿児島県（〇・〇七九）、香川、徳島、和歌山、長崎、岩手、福井、宮崎県が上位一〇県である。東京都は施設の絶対数では1位だが、人口千人当りの施設数でいうと最も少ない。

(6)　医師数、人口千人当り、1位、徳島県（三・〇三人）、京都府（二・九四人）、鳥取（二・九一人）で、東京、高知、福岡、長崎、岡山、和歌山、島根県の上位一〇都府県である。

高齢者の住み易さの指数の高い順位の区市を挙げると、1位、渋谷区（六三・六）、2位、目黒区（六一・四）、同2位、三次市（広島県、六一・四）、4位、港区（六一・〇）、5位、出雲市（島根県、六〇・五）、6位、武蔵野市（東京都、五九・八）、7位、松本市（長野県、五九・五）、8位、飯田市

（長野県、五九・四）、9位、松江市（島根県、五九・二）、10位、新宿区（東京都、五八・八）の順であった（二〇一〇年）。

2 「子供世代にとって住み易いまち」

⑴ 子供にとって住み易さは、教育、安全、小児科専門医師数等の子育て環境のよさにある。

⑵ 一五歳未満の人口は、当然人口の多い都道府県と政令市が多い。過疎化の激しい島根、鳥取、高知、徳島の四県は一〇万人を切っている。子供世代にとって住み易いまちとは、親世代にとって子育てのし易いまちのことである。小児医療が充実しているか、学習環境がよいか、また「いじめ」問題が深刻化し、いじめ対策もまちづくりの重要項目になっている。全国の小中高校などが二〇一九年度に認知した『いじめ』が61万件を超えて過去最多になった。人口千人当り、1位、豊見城市（一四・八三）の出生率で、同じく沖縄県の浦添市、宜野湾市、沖縄市、糸満市、名護市が上位一〇市に入り、それ以外では2位に、栗東市（滋賀県、一四・五八人）、7位の長久手市（愛知県、一二・七四人）、8位に瑞穂市（岐阜県、一二・三二人）の順である。子供にとって小児科医、スポーツテストの順位、または小学校環境の中でゆとり教育が重視される傾向が強かったが、学力テストが見直される様相も出ている。それは、ゆとり教育では競争社会に立ち遅れると批判の声が強くなっているからである。

⑶ 「現役世代が住みたい、安全で安心のまち」

一人当りの課税所得、一五～六四歳代の人口、あるいは財政力指数などは大都市、都道府県であり、安全の度合、安心度の高いまちは地方の県が圧倒的に多い。そしてコロナ禍で若者が地方に住みたいと見直す萌しが出ている傾向がある。期待したい。

どこに住んでも、生まれても同じでないことだけはいえる。その選択によって異なるし、コロナ禍でテレワークなど新しい働き方、仕事に対する在り方に目覚めた社会となっていることも知って置きたい。はたして日本国民は幸せなのか。二〇一六年四月に来日した「世界で最も貧しい大統領」と呼ばれたウルグアイ前大統領ホセ・ムヒカは「日本国民は幸せなのか？」と問いかけた。何をもって幸せと呼ぶのか、何かひとつに絞ってはかることは難しい。ムヒカ大統領時代、月一二万円（歳費の一割）で生活し、その他の収入は、福祉関係に寄付した。また「幸せの国」として知られるヒマラヤ山脈の小国ブータンは、ＧＤＰが１６０位台の最貧国でありながら、国民の実感に近いＧＮＨ（国民総幸福度）からするとトップクラスだ。日本のＧＤＰ（国内総生産）の一人当りに比べると八〇分の一ぐらいだ。しかし私たちは豊かになったが、幸せになっただろうか。

「これほど豊かになって、これほど幸せにならなかった国はめずらしい」（池内紀・独文学者）。人が豊かさを求め、「儲ける」ことを最優先にすることで失ってしまった「大切なもの」、その喪失、その忘却から池内は最後まで目をそらすことがなかった。故郷、兵庫県福崎町でおこなった講演で結んだ言葉である。

「あなたは今、幸せですか？」。「幸せ」と答えた方の割合は八五％に達していて、その割合の高さにはびっくりした。（朝日新聞、二〇一八年八月）。その内容は、1、自分の理想との比較（四一％）、2、将来への期待・不安（一九％）、同2位、過去の自分との比較（一九％）、4、他人との比較（一〇％）。

国の「幸福度」順位、1位、フィンランド（七・六）、2位、ノルウェー（七・五）、3位、デンマーク（七・五）、13位、コスタリカ（六・八）、18位、アメリカ（六・八）、47位、イタリア（六・〇）、54位「日本（五・九）」57位、韓国（五・八）、59位、ロシア（五・八）、86位、中国（五・二）、133位、インド（四・一）、155位、中央アフリカ（三・〇）、156位、ブルンジ（二・九）。質問、「あなたにとって最高の人生10、最低を0とするなら今はどこ？」（国連の幸福度調査、一千人程度の答えの平均値）。

「住み易さ、幸福度」

暮らしに関するランキング、「住み易さ、幸福度」の指標は人によってさまざまだが、充実感や達成感、充足感を表すと考えられる。生活や暮らしに関する項目を取り挙げて見るランキングは出てくる。

「自家用乗用車の世帯当り普及台数」

1位、福井（一・七四九台）、2位、富山（一・七〇六台）、3位、山形（一・六七九台）、47位、東京（〇・四五〇台）。

「完全失業率」

1位、福井（一・八％）で最下位47位、沖縄（五・一％）。

「平均寿命」

高齢者の就業が高く、生きがいを持って生活していることや、保健医療、医療活動が活発などが考えられる。

男性1位、滋賀（八一・七八歳）、2位、長野（八一・七五歳）、3位、京都（八一・四歳）、46位、秋田（七九・五歳）、47位、青森（七八・六七歳）。

女性1位、長野（八七・六七五歳）、2位、岡山（八七・六七三歳）、3位、島根（八七・六四歳）、4位、滋賀（八七・五七歳）、46位、栃木（八六・二四歳）、47位、青森（八五・九三歳）。二〇一九年調査。

「女性の有業率」

子育て中の女性も働き易い環境が整っている。三世代同居率も高い。1位は、福井県である。

「年間おもちゃ購入額」

1位、山口（一万五五五円）。

「通勤・通学時間が短い」

1位、宮崎（五〇分）。

「貯蓄現在高」

1位、奈良（一七八一万円）、2位、東京（一七七二万円）、3位、福井（一七六六万円）、47位、沖縄（五三一万円）。

「豊かな大自然に囲まれた豊かな暮らし」

森林率・1位、高知（八四％）、2位、長野（七九％）、3位、山梨（七八％）、45位、茨城（三一％）、46位、千葉、47位、大阪（各三〇％）。

「イクメン度」

1位、秋田（1時間44分）。

「小学生・中学生の家庭内での会話率」

小学生・1位、秋田（八二・六％）、2位、埼玉（八二・〇％）、3位、山梨（八一・六％）、47位、沖縄（七三・三％）。

中学生・1位、秋田（七四・四％）、2位、宮崎（七七・三％）、47位、沖縄（六八・二％）。

「刑法犯の認知件数」

人の出入りの多い都市と異なり、住民同士のつながりが強く、顔知りが多いことが防犯の一因か。

1位、秋田（三一五四件）、47位、東京（一四万八一八二件）。

「ボランティア参加率」

1位、山形（三五・三％）、2位、島根（三四・八％）、3位、鹿児島（三四・四％）、47位、大阪（二〇・六％）。

「三世代世帯の割合」

共働き率が高いことや、農業など第一次産業が盛んなこと、住宅敷地が広いことなどが理由に考えられる。

1位、山形（二一・五％）。

「年間収入」

1位、東京（七四〇万円）。

「持ち家率」

家を持つのは一人前の大人のステータス。

1位、富山（七九％）、2位、秋田（七八％）、3位、山形・福井（七七％）、47位、東京（四六％）。

「妊婦健康診査の公費負担額」

1位、岐阜（一一・八万円）、2位、山口（一一・六万円）、3位、長野（一一・六万円）、47位、神奈川（六・三万円）。妊婦健診は健康保険適用外のため、各自治体が費用負担しているが、その助成金額や内容は自治体によって格差が大きい（二〇一六年調査）。

統計の数字は、客観的で、感情を省いたようによそおいつつ、ときには裏で舌を出しているかも知れない。数字をたくさん活用させていただいたが、どんな手法や手続きを持って調査したのか知るべしもないことが多いので数字の怖さがある。旧ソ連の管理社会の小話に、「ニュースには、真実、ほぼ真実とウソの三つの種類しかない。時報、これは紛れもなく真実、ほぼ真実は天気予報、その他はすべてウソ」。

B・ディズレーリも「この世には三種類のウソ、ひどいウソ、普通のウソ、そして統計のウソ」がある。ディズレーリ(一八〇四〜一八八一年)、英首相、ビクトリア女王時代、グラッドストンの自由党とともに政党政治の黄金時代を築いた。また首相として帝国主義政策を推し進めた。選挙法の改正、公衆衛生改善などに功績を残し、外交面ではスエズ運河の買収、ビルトリア女王をインドの女帝とし、ロシアの南方進出をくい止めた。誰れもが知る大英帝国の大政治家であった。しかし帝国主義政策を推進していくには、統計の数字は、障害があったのだろう。しかし現代の私達は、統計の数字を鵜呑みにすることなく、利用しなければならない。

同じような調査でも質問の方法によると、大きな落差が出ることも知っておこう。

「規則を曲げて無理な仕事をさせることもあるが、仕事以外でも人の面倒をよく見る」という課長を〝良い課長〟と八四%が答えている。前後に言葉を代えて「仕事以外でも人の面倒をよく見るが、規則を曲げて無理な仕事をさせることもある」課長と逆にすると、〝よい課長〟だと答えた者は四七%だったという調査結果がある。

数字は魔物であるから、額面通り信じてはいけないことも肝に銘じておかなくてはいけない。

〈なにごとも善意に解し波たてず〉（三次・有馬小枝）。

六　これからの日本とコロナ対策

世界を不意打ちした新型コロナウィルスは、二〇二〇年一〇月二七日現在で、世界計・四三五一万人（死者一一五万人）、日本一九万七千人（死者一七二二人）を出している。人類の一割が感染するという推測もある。経済・社会活動を中心に様々な形で言葉で尽くせない大打撃をこうむるだろう。これからの政治の最大の課題は、国民の間にいかに拡大させないかであろう。そしてこれまで盲点となっている感染症というリスクとしっかりと向き合わなければならない。読売新聞社が、感染症に強い社会を築くための処方箋を提言した。これを叩き台にコロナ禍後の政治対応を精査して見たい。

第1に、「感染症対策不在から脱すること」。ＰＣＲ検査を1日10万件に、受け入れ病院の報酬を手厚くする。ＰＣＲ検査件数が各国に比べて少ない理由を検証する。そして危機に強い医療体制を早急に築く。

第2に、「コロナ不況の脱却に全力を」。資金注入にためらわず大胆に、例えば、マイナンバーと口座の連結、そして働き方のデジタル化で変革対応が急務である。

第3に、「首相直属の本部を設ける」。感染防止と経済再生を両立するための内閣主導の司令塔を設け、担当相を常設し、事務局を増設する。権限強化の一元化で各省庁を動かす。

第4に、「国は地方任せにしない」。地方に手厚い財政支援が求められる。

第5に、「休校でも学習機会の確保を」。対面授業が基本で、「遠隔」のオンライン環境を急ぐこと、そして学びの「格差」を解消する。

第6に、「国際協調の機運を取り戻せ」。WHO改革は、日本が主導で提言する。

第7に、「コロナ差別を許さない」。正しく知り、正しく恐れる啓発活動や救済制度の充実が求められる。感染状況と最新の医学的知見の積極的発信、情報の公開が不可欠である。

奇しくも読売に続き、朝日新聞も、「SDGsコロナ禍の影響は」（国連「持続可能な開発目標（SDGs）」報告二〇二〇年から二〇三〇年で変える・朝日新聞訳）という提言があった。新型コロナの世界的なパンデミックにより、世界共通の目標SDGsが試練にさらされている。貧困や格差の広がりを食い止める手がかりを探ろうと、オンライン座談会「コロナ禍でSDGsは大丈夫？」が開かれた。進行は、朝日新聞SDGsプロジェクトのエグゼクティブ・デレクターの国谷裕子さん。国際労働機関（ILO）のガイ・ライダー事務局長への事前インタビューを交えて、国谷と三人のゲストが「より良い回復」に向けて話し合った。厖大な検証になるが、今後学生達と課題に取り組んで見たい。

①「貧困をなくそう」

全世界で二〇三〇年までに貧困に終止符を打つめどが立っていなかった。二〇一〇年（一五・七％）、二〇一五年（一〇・〇％）、二〇一九年（八・二％）、二〇三〇年（六・〇％）。新型コロナによりこの数十年で初めて世界の貧困が拡大して、今年、新たに七一〇〇万人が極度の貧困へと追いやられた。

②「飢餓をゼロに」

パンデミックは食料システムに新たな脅威をもたらした。例えば、紛争、気候変動、バッタの大発生などコロナ禍は多方面に影響をもたらすことは必須だ。

③「すべての人に健康と福祉を」

数十年費やした進歩が医療崩壊により、逆戻りする可能性が高い。例えば、五歳の子供が数十万人単位で今年さらに亡くなるおそれが出てくる。

④「質の高い教育をみんなに」

オンライン学習を受けられない児童生徒が少なく五億人が出るだろう。

⑤「ジェンダー平等を実現しよう」

新型コロナとたたかう最前線には女性がいる。女性が医療・福祉従事者の七〇％を占めるので、影響がはかり知れない。

⑥「安全な水とトイレを世界に」

世界の三〇億人は手洗いする設備が自宅にない。

⑦「働きがいも経済成長も」

大恐慌以来最悪の不況に世界が直面している。一人当りのGDPは、今年四・二%下がる見通しである。このコロナ禍で今年の第2四半期だけで四億人相当の仕事が失われるおそれがある。

⑧「人や国の不平等をなくそう」

最も脆弱な立場に置かれた人々がパンデミックによる打撃を最も多く受けている。それが、高齢者、障害者、子供、女性、移民や難民など弱者に影響を与えている。

⑨「気候変動に具体的な対策を」

コロナ禍により温室効果ガスの排出量が、今年六%程度減る見込みだが、それでも地球を一・五度に抑えるための必要な毎年七・六%の削減には及ばない。トランプの脅威と中国の積極的協力が求められる。

⑩「陸の豊かさを守ろう」

野生生物の違法取引が生態系を乱し感染症の拡散に関係している。例えば、コロナ禍はセンザンコウが運んだ媒介動物と見られている。

最も弱い立場の人達が最も大きな影響を受けている。世界の食料支援の現場では、コロナ禍での貧しい国ほど状況が悪化し、食料不安に陥る人は、倍増の2億7千万人にのぼると推計されている。

給付金などの保証がない国では、日銭が入らないと飢餓状態に陥いる。「飢餓パンデミック（世界的流行）」の瀬戸際である。干ばつや洪水、武力衝突、バッタの大量発生による農作物被害もすでに甚大で追い打ちをかけている。ピーク時には、日本を含む三億七千万人が給食をとれなかった。貧しい国では給食があるから働かず学校に通えた子供達が多い。この先、学校に戻ってこられるか、児童労働の増加が懸念される。

いま世界で重要な問題は、なぜコロナの感染が起きたのかである。それは無計画な森林伐採や土地の利用が野生動物の領域に食い込んだ結果だといえよう。だから人間の経済活動が自然の体系を壊さずに済むようにしなければいけないのだ。

何をどう作って食べ、どう住まい、消費するか。私たち人間の生き方が地球の限界とぶつかった。「人新世」に生きている自覚が必要である（石井菜穂子）。「人新世（Anthropocen）」とは、人類の活動が生態系や気候に与える影響がふくらんだ結果、地球の状態を人間が支配する地質年代に入ったとする考え方で、経済・社会活動による環境負荷の蓄積により、地球の限界（プラネタリー・バウンダリー）を踏み越えていると指摘も出ている。

確かに、コロナ禍以前からＳＤＧｓの達成は遠のいていた。しかしそうかといって、諦めるのか、別のことをするのか、岐路に立たされている。いま最悪な事態は、やらなければいけないと思いながら信じず、何もしないことである。「ＳＤＧｓ達成は岐路に立たされている」が、世界のリーダーが取るべき正しい道である。ＳＤＧｓは、「より良い復興」のプロセスを目標をもって描くコンパスであり、「尊き星」である。ＳＤＧｓを達成することで実現する「より良い日常」を目指さなければならない。

財政悪化で国際支援が減少するなかで、世代を超えて一緒に先の世界をつくらねばならない。この地球に住む人が、我がごとと思い、願う気持で取り組まなければ、列島沈没だけでなく、地球崩壊になってしまう。他人ごとでない、「われら地球人」という認識と自覚を持たなければならないのである。誰も地球の未来を奪う権利はない。

〈コロナにも負けないものは友情だ〉（埼玉・松井啓人、一二歳）。

〈間違うな採み手でなく除菌です〉（奈良・河野浩二）。

〈喧嘩しないで政治をしろよ〉（神奈川・大坪智）、国と都は。

〈後追えど先回りした例《ため》無《し》し〉（東京・北島文明）、コロナ拡大に。

〈マスクしたサンタ来そうだクリスマス〉（相模原・林ヒロシ）。

〈人生はいろいろだけど一度だけ〉（越谷・小藤正明）。

「政治談義」　参考・引用文献および資料紙と月刊誌

「地球的視野で生きる（日本浮上論）」　高坂正堯　実業の日本社
「日本人の政治感覚」　川上源太郎　ダイヤモンド社
「世界政治をどう見るか」　鴨武彦　岩波書店
「日本の政治力学」　中野実　日本放送協会
「日本・経済大国の政治運営」　猪口孝　東京大学出版会
「政治に何ができるか」　佐々木毅　講談社
『政治資金』の研究」　岩井奉信　日本経済新聞社
「現代日本の保守政治」　内田健三　岩波書店
「政治とカネ」　広瀬道貞　岩波書店
「情報とデモクラシー」　富田信男・岡沢憲芙編　学陽書房
「議会デモクラシー」　飯坂良明・岡沢憲芙　学陽書房
「政治を考える指標」　辻清明　岩波新書
「戦後日本の官僚制」　村松岐夫　東洋経済新報社

「政策形成と市民」　寄本勝美　有斐閣
「地方議員の研究」　村松岐夫・伊藤光利　日本経済新聞社
「コンビの研究」　半藤一利　文芸春秋
「ごみとリサイクル」　寄本勝美　岩波新書
「豊かさとは何か」　暉峻淑子　岩波新書
「憲法改正の論点」　西修　文春新書
「公務員ムダ論」　福岡政行　角川書店
「失敗の本質」（日本軍の組織論的研究）　中央公論社
「幸せのメカニズム　実践・幸福学入門」　前野隆司　講談社
「心の教育」　沖原豊　学陽書房
『『世襲』代議士の研究」　市川太一　日本経済新聞社
「アメリカはなぜ、戦争に負け続けたのか」　H・ウルマン　田口未和訳　中央公論新社
「ケネディ家の栄光と悲劇」　朝日新聞社約・刊
「チャーチル」　河合秀和　中公新書
朝日新聞、読売新聞、毎日新聞、中国新聞
「正論」　産経新聞社　「文芸春秋」　月刊誌　文芸春秋社

「いまがわかる　時代がわかる日本地図」　成美堂出版
「いまがわかる　時代が分かる日本地図」　成美堂出版
「日本国勢図会」　二〇一九版
「地方政治を見る眼」　林明博　早稲田大学出版部
「政党制の研究」　林明博　巖松堂出版
「憲法要論」　林明博・石田光義共著　敬文堂

あとがき

コロナ禍で学んだことは余りにも多い。より一層ハードからソフトの政治が求められることを知った。
1、箱ものからソフト（中味）の時代へ
2、補助金行政から手厚い地方分権へ
3、情報発信のまちづくり
4、相乗型責任体制の確立
5、学習歴時代の到来認識と制度化
6、健全な競合システムの構築
7、「われら地球人」という自覚と徹底

以上七項目は目新しいものはひとつもないが、再度、改めて検証しなければ、感染症の根本対策にはならない。わがごとと思い、願う気持をもって取り組む必要性を確認した。

不謹慎な言い方であるが、ご容赦願いたい。コロナ禍で女子大の講義が必修科目でなかったので、出講しなくてもよかった。だから時間に余裕ができたので、この小冊を上梓することができた。日頃温めてきたものもあるが、殆んど思い付きのままで、データなどの資料も手元のものばかりであった。その傾向と流れは、余り変化がないと思われたので、そのまま使用さしていただいた。悪しからず重ねてご容赦ください。

本著『政治談義』（政治社会を見る眼　早稲田はスゴい）は、旧音戸町民、妻範子・姉と兄に捧げたい。私は、選挙戦を八回戦った。音戸町長に当選させていただいたのは、三〇歳だった。全国最年少町長であった。海のものとも、山のものとも分からない若者を音戸町民は、よく我慢をして育ててくれたものだと感謝している。今日では、昨年の河井法相夫妻の買収事件で辞めた三原市と安芸高田市の新市長は、そろって三〇代後半の青年首長で珍しい存在とはいえないが、当時、三〇歳でしかも独身町長は希有であった。旧音戸町民に最大の感謝を申し上げたい。

そして五人姉兄の末っ子の私は、選挙を八回戦って、姉二人、兄二人に言葉でいい尽せない心労を煩わしてきた。選挙のたびに、姉兄が親がわりで、面倒をかけてきた。父親が三人、母親が三人いるようなものだったので、選挙にはこれほど好都合なことはなかった。ただし今は、姉一人、兄一人になってしまった。長兄には、子供の頃から生活の知恵を授かったし、次兄は秀才だったので勉強のしかたを教わった。小学校に行っていた頃、先生からお姉さんを見習いなさい、お兄さんのように勉強をしなさいと叱られた。今だったら、不登校になっていたのではなかろうかと思う。

この姉二人、兄二人があってこそ、今日の私があると思っている。兄姉に恵まれた人生に唯々感謝のまことを捧げたい。機会があれば、近いうちに続編の各論をまとめて見たいものと思っている。　合掌

二〇二〇年一〇月吉日

後れても　後れても
尚　君に誓いしこと
我　忘れめや（高杉晋作）

林　明博

著者略歴

林　明博（はやし　あけひろ）

1941年　広島県音戸町（現呉市）に生まれる
音戸高校卒、早稲田大学第一政治経済学部政治学科卒、同大大学院政治学研究科修了、法学博士
現在、安田女子大学講師、海上自衛隊幹部候補生学校講師（46年間）、弁護士

主な経歴
音戸町長（現呉市）5期20年、広島県町村会（74町村）会長2期、広島県医療審議会委員、消防協会・統計協会副会長、日赤広島県支部監査委員、政府委員　等　他
広島文教女子大学教授、呉大学・短期大学教授、早稲田大学・中国管区警察学校・近畿大学・広島大学・京都大学・海上保安大学校講師　他

主要著訳書
「政党制の研究」巌松堂
「地方政治を見る眼」早稲田大学出版部
「知っておきたい暮らしと法律」呉精版
「行政法総論」
「憲法要論」敬文堂（共著）
「現代アメリカの政治」敬文堂（共訳書）　他

功・業績顕彰
叙勲旭日小綬章、アメリカ文化功労顕彰（U.S.A）、アメリカ陸軍勲章（3回）、ドイツと台湾叙勲、紺綬褒章（2回）、法務大臣・自治大臣・防衛庁長官表彰　他

政治談義—政治社会を見る眼　早稲田はスゴい—

2021年1月10日 初版発行　　定価はカバーに表示してあります

著　者　林　明博
発行者　竹内基雄
発行所　㈱敬文堂

東京都新宿区早稲田鶴巻町538
電話（03）3203-6161㈹
FAX（03）3204-0161
http://www.keibundo.com

©2021 Akehiro HAYASHI　Printed in Japan

印刷・製本／信毎書籍印刷株式会社　カバー装丁／リリーフ・システムズ
ISBN978-4-7670-0242-2　C0031